新型コロナウイルスに直面した長崎の学校

—— 教職員への緊急アンケート調査報告書 ——

編著

石川衣紀・榎景子・小西祐馬・中村典生・長谷川哲朗・畑中大路

発行

国立大学法人 長崎大学

― 目　次 ―

はじめに

　2020年2月27日夕刻、新型コロナウイルスの感染拡大を受け、当時の安倍晋三首相は3月2日から全国全ての小・中学校、高校などについて、春休みまで臨時休校とするよう要請する方針を示しました。私自身も次の日の2月28日に遠方から講師を招き、長崎県内の先生方と合同で研修会を開催する予定でおり、この発表があった時間には講師の先生はすでに飛行機の中。学校現場の混乱も考え、急遽翌日28日の研修会は中止とし、講師の先生には長崎に到着された時点でやむなくその旨連絡を致しました。関係者の皆さんには大変ご迷惑をおかけしました。きっとこれはほんの一例で、世の中ではこのようなことがたくさん起こっていたに違いありません。

　しかし本当の問題はそれ以降です。その後、全国で休校期間が延長され、長崎県内でもゴールデンウィーク以降になって、ようやく順次通常の授業が再開されました。ただ、この休校期間に実施される予定であった卒業式や入学式、またこの期間に限らず多くの大会等のイベントや学校行事も中止・延期になったと聞いています。

　このような未曾有の状況の中で、小・中学校生、高等学校生はどんな思いでこの期間を過ごしたのでしょうか。そして学校再開後の児童生徒に、休校期間がどんな影響を及ぼしたのでしょうか。これを明らかにすることは、今後の学校教育を考える上で避けて通ってはならないことであるように思います。

　長崎大学では河野茂学長の命を受け、いち早くコロナ及びコロナ後の地域貢献に関するワーキング・グループを複数結成致しました。その一つが福永博俊理事の元に結成された、この教育に関するワーキング・グループです。

　本冊子はこのワーキング・グループの活動の一環として、長崎県教育委員会と県内21市町の教育委員会、県内校長会等の皆様のご協力を得て実施した、県内公立小・中学校教員に対するコロナ休校とその影響に関するアンケート結果をまとめたものです。県教育委員会から各市町教育委員会に向けてアンケート

の協力を依頼していただいたことにより、何と県内教員の約25％にあたる、2130名もの先生方からご協力を得ることができました。聞くところによると、長崎大学と県教育委員会が協働してアンケートを実施することは稀であり、またこのような多数の回答が得られることも稀であるとのことでした。教員の皆様の関心の高さ、危機感が感じられます。そしてこの膨大なデータの、ワーキング・グループメンバーによる懸命な集計と分析を経て、本報告書を公表できることと相成りました。

　この報告書には県内教員の切実な生の声が詰まっています。どうぞじっくりご覧下さい。そしてこの声を今後の学校教育にどう生かすか、みんなで考え、行動するきっかけにしていただけますよう、切にお願い申し上げます。

　最後に、ワーキング・グループを代表して、再度ご協力いただきました全ての皆様に心より御礼を申し上げ、ご挨拶と致します。

令和 2 年11月29日

長崎大学副学長（地域教育連携担当）

中村　典生

本報告書を手にされたみなさまへ

　新型コロナウイルスの感染拡大により、子どもたちの学びに様々な制約が生じる中、この事態に直面する学校現場に対して長崎大学ができることは何か。ひとつの答えをまとめたものがこの冊子です。

　県教育委員会及び各市町教育委員会のご理解とご支援のもと、現場の先生たちにアンケート調査を実施し、その回答をデータ処理して傾向を捉えるとともに、回答者の声を汲み上げるものとしました。

　調査の実施及び分析に際しては、次の点を考慮しました。

　第一に、調査の対象を現場の教職員にしたということです。対象を子どもたちや保護者にまで広げれば、より精緻で厚みのあるデータが期待できるのですが、現下の状況を考えれば、対象を絞って少しでも早く結果をお届けすることが重要と考えました。結果として、先生たちが何を見つめ、何を聞き取り、どのようなことを感じ取っているかが明確になり、教職員というフィルターを通して把握される実態の中にこそ学校教育における重要な課題がある、そのことを改めて認識できました。

　二つ目は、データ処理においては、回答者の校種、経験年数、勤務校や担当学級の規模、さらには本土・離島等を観点に立て、多面的な分析を行ったということです。子どもたちを前にしたとき、見えるもの、考えることは、その先生の経験やキャリアによって異なり、また学校や学年の実情によっても課題のとらえ方や重要度は変わってきます。これらの観点を立てて分析することで、顕著に表れる特徴や傾向を把握しようとしたわけです。

　三点目は、回答者の個々の声を丁寧に汲み上げ、いくつかの括りに整理したということです。調査の回答を手にしたとき、私たちは、この自由記述こそ大切にしなければならないと受け止めました。日々の子どもたちとの向き合いから発せられる「いま言っておかなければならない」「何としても伝えたい」という思いが、緊迫感や切迫感を伴って伝わってきました。熟慮やためらいの末に絞り出したと感じられる声もあり、言葉の一つ一つが発せられる厳しい現実に思いをいたすことが何度もありました。声を汲み取る、掬い上げることによって、一人でも多くの人たちに、現場の先生たちの実情や思いを共有していただきたいと考えました。

　ここで、この調査を踏まえ、ウイズやアフターで語られる、これからの学校

教育について思うことのいくつかを記しておきたいと思います。

　ひとつは、子どもたちの不安や戸惑いは様々なところに見え隠れしていると考えられ、きめ細かな見取りやかかわり、支えがこれからも大切であるということです。日々、力を振り絞っている先生たちですが、互いに頼り合い、助け合い、分かち合って、子どもたちを育んでいただきたいと思います。併せて、子どもたちが、自分の中の不安や疑問等を出し合って、皆で考え合う、わかり合うという学びも大切になるのではないでしょうか。

　二つ目は、多くの先生たちが心配している、偏見や差別に関わる問題、人の見方や心のもちようについてです。子どもたちは、ウイルスや感染等についての正確な知識が必ずしも十分ではなく、様々な情報に戸惑いつつ、感染した人への思いやりや懸命に働いている人たちへの想像力が働きにくいという日々を送っているのではないでしょうか。子どもたちに自分自身の心のもちようを考えさせ、歪みや誤りに気づけば自らそれを正そうとする、このような学びはその子に関わる大人が担うことだと思います。

　このコロナ禍を機会として、学校の役割や学校教育のありようを問い直す声が上がっています。教育活動や学校運営に関する事柄の縮小や廃止、手法の見直し等を求めるたくさんの声が上がる一方で、教育の不易たることの大切さを説く声も聞こえます。拙速な結論ではなく、これからを生きる子どもたちに真に必要なものは何か、学校が担うこと、教職員だからこそできることは何か、関係者による丁寧な議論と合意形成が大切だと思います。これが三つ目のことです。

　この冊子は、コロナ禍の中での教職員の認識や意識を通して、学校や子どもたちの現状の一端を捉えたものですが、調査結果から読み取れるもの、考えられることを長崎県の教育に携わる多くの人たちが共有し、これからの踏み出しに生かしていただければ嬉しい限りです。

　いまだ予断を許さない状況が続きますが、ご支援いただいた県教育委員会と各市町教育委員会に重ねてお礼申し上げるとともに、ご協力いただいた教職員の皆様に心から感謝申し上げます。

令和2年11月29日

長崎大学大学院教育学研究科

教授　長谷川　哲朗

第1章
調査とデータの全体像

調査とデータの全体像

――「新型コロナウイルス流行による学校教育への影響に関する調査」概要――

■1-1. 調査の趣旨

　新型コロナウイルスの感染拡大は、社会の構造自体をも変化させ、学校教育にも大きな影響を及ぼした。このような過去に例を見ない状況下で、長崎大学はいくつかのワーキンググループを作り、長崎県の皆様方に対してどのような分野でどのような貢献ができるかについて、日々議論を続けている。その中で、今後の長崎の学校教育を考えるためには、「令和元年度末から生じた学校の臨時休業と、令和2年7月以降の感染再拡大は、学校教育にいかなる影響を与えたのか」について、まず把握する必要があるという認識に至り、長崎県下公立小・中学校の先生方を対象にアンケート調査を実施した。以下が調査結果の概要である。

■1-2. 調査対象と実施期間・実施方法

調査対象：長崎県内の教職員
実施期間：令和2年8月17日（月）～9月7日（月）
実施方法：Googleフォームを用いたアンケート

■1-3. アンケートの内容構成

A. フェイスシート
　　勤務校の所在地／校種／職位／教職経験年数／勤務校の学級数／
　　担当学年／学級の児童生徒数　　など
B. 臨時休業中における学びの保障に向けた学校の対応【複数回答】
C. 臨時休業中～臨時休業明け直後の教職員・子ども・保護者の状況【複数回答】

　　C-1.　教職員が抱えていた不安

　　C-2.　子どもたちの状況　（分析：第2章）

　　C-3.　保護者の状況　（分析：第3章）

　D.　これからの学校教育への不安【複数回答】　（分析：第4章）

　G.　コロナ禍における学校教育に必要な支援・配慮【複数回答】　（分析：第5章）

　H.　自由記述欄　（分析：第6章）

■ 1-4.　データの概要

1-4-1.　回答者数

回答地域：長崎県内21市町

有効回答数：2,130件

1-4-2.　回答者の属性

● 回答者の勤務校の所在地（概要）　　　　● 回答者の校種

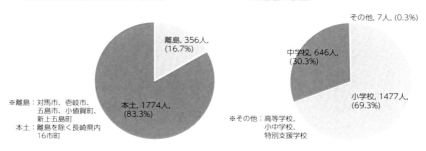

● 回答者の職名　　　　　　　　　　　　● 回答者の教職経験年数

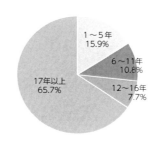

● 回答者の勤務校の学級数

小学校

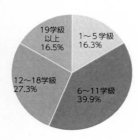

中学校

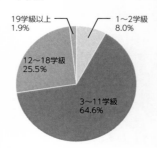

● 回答者（学級担任）の担当学年

小学校

中学校

● 回答者（学級担任）の学級の児童生徒数

小学校

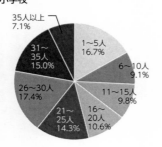

中学校

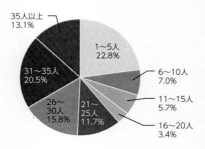

1-4-3. 各設問の回答数

● 臨時休業中の子どもたちの学びを保障するため、勤務校でとられた措置はどのようなものでしたか（複数回答可）

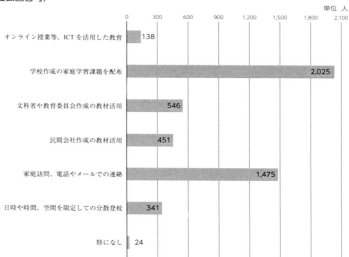

● 臨時休業期間中から臨時休業明け直後についてお尋ねします。下記項目のうち、あなたが特に不安を感じていたものはどれですか（複数回答可）

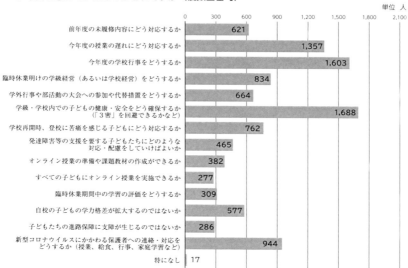

●臨時休業期間中から臨時休業明け直後の子どもたちの状況について、当てはまるものを選択
してください（複数回答可）

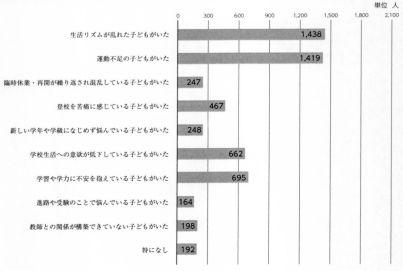

単位 人

生活リズムが乱れた子どもがいた	1,438
運動不足の子どもがいた	1,419
臨時休業・再開が繰り返され混乱している子どもがいた	247
登校を苦痛に感じている子どもがいた	467
新しい学年や学級になじめず悩んでいる子どもがいた	248
学校生活への意欲が低下している子どもがいた	662
学習や学力に不安を抱えている子どもがいた	695
進路や受験のことで悩んでいる子どもがいた	164
教師との関係が構築できていない子どもがいた	198
特になし	192

●臨時休業期間中から臨時休業明け直後の保護者の状況について、当てはまるものを選択して
ください（複数回答可）

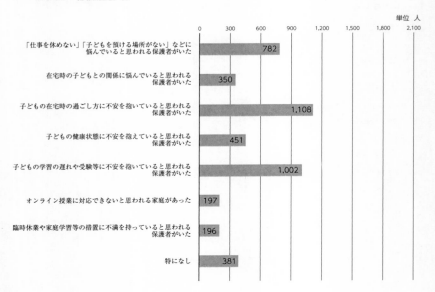

単位 人

「仕事を休めない」「子どもを預ける場所がない」などに悩んでいると思われる保護者がいた	782
在宅時の子どもとの関係に悩んでいると思われる保護者がいた	350
子どもの在宅時の過ごし方に不安を抱いていると思われる保護者がいた	1,108
子どもの健康状態に不安を抱えていると思われる保護者がいた	451
子どもの学習の遅れや受験等に不安を抱いていると思われる保護者がいた	1,002
オンライン授業に対応できないと思われる家庭があった	197
臨時休業や家庭学習等の措置に不満を持っていると思われる保護者がいた	196
特になし	381

● これからの学校教育についてお尋ねします。下記項目のうち、あなたが特に不安を感じているものはどれですか（複数回答可）

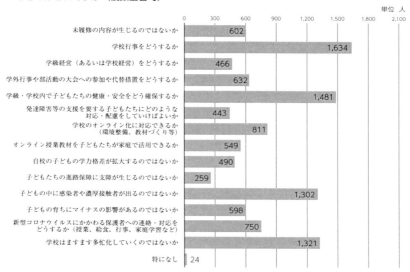

単位 人

未履修の内容が生じるのではないか	602
学校行事をどうするか	1,634
学級経営（あるいは学校経営）をどうするか	466
学外行事や部活動の大会への参加や代替措置をどうするか	632
学級・学校内で子どもたちの健康・安全をどう確保するか	1,481
発達障害等の支援を要する子どもたちにどのような対応・配慮をしていけばよいか	443
学校のオンライン化に対応できるか（環境整備、教材づくり等）	811
オンライン授業教材を子どもたちが家庭で活用できるか	549
自校の子どもの学力格差が拡大するのではないか	490
子どもたちの進路保障に支障が生じるのではないか	259
子どもの中に感染者や濃厚接触者が出るのではないか	1,302
子どもの育ちにマイナスの影響があるのではないか	598
新型コロナウイルスにかかわる保護者への連絡・対応をどうするか（授業、給食、行事、家庭学習など）	750
学校はますます多忙化していくのではないか	1,321
特になし	24

● コロナ禍における学校教育への支援や配慮として、とくに必要性を感じているものを選択してください（複数回答可）

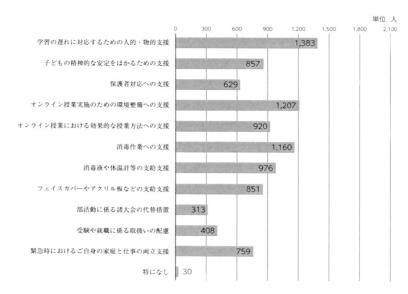

単位 人

学習の遅れに対応するための人的・物的支援	1,383
子どもの精神的な安定をはかるための支援	857
保護者対応への支援	629
オンライン授業実施のための環境整備への支援	1,207
オンライン授業における効果的な授業方法への支援	920
消毒作業への支援	1,160
消毒液や体温計等の支給支援	976
フェイスカバーやアクリル板などの支給支援	851
部活動に係る諸大会の代替措置	313
受験や就職に係る取扱いの配慮	408
緊急時におけるご自身の家庭と仕事の両立支援	759
特になし	30

第2章
新型コロナウイルス流行による
子どもへの影響

新型コロナウイルス流行による
子どもへの影響

－臨時休業中から臨時休業明け直後の子どもたちの状況についての教職員の認識－

> **設問**　臨時休業期間中から臨時休業明け直後の子どもたちの状況につ
> いて、当てはまるものを選択してください（複数回答可）。

【回答項目】

1. 生活リズムが乱れた子どもがいた

2. 運動不足の子どもがいた

3. 臨時休業・再開が繰り返され混乱している子どもがいた

4. 登校を苦痛に感じている子どもがいた

5. 新しい学年や学級になじめず悩んでいる子どもがいた

6. 学校生活への意欲が低下している子どもがいた

7. 学習や学力に不安を抱えている子どもがいた

8. 進路や受験のことで悩んでいる子どもがいた

9. 教師との関係が構築できていない子どもがいた

10. 特になし

【集計項目】

●結果と示唆

「生活リズムが乱れた子どもがいた」「運動不足の子どもがいた」の２項目が顕著に高い割合を示し、この両方とも当てはまると回答した割合は全体の約50％に及ぶ。また４つ以上当てはまるとした回答でも25.7％と４分の１近い。これらから臨時休業期間中に子どもたちが抱えていた困難が多方面に及び、子ども本人の困難・ニーズに応じたケアが求められていることが改めて示唆された。また特に冒頭の２項目は発達の土台に直接関わるため、家庭への支援も含めた丁寧な把握と対応が不可欠であるといえる。

■2-1. 全体集計結果

傾向 「1．生活リズムが乱れた子どもがいた」と「2．運動不足の子どもがいた」が特に高く、発達の土台に関わる面で影響が強く生じていることがうかがえる。

県全体（n=2,130）

	項　目	回答数 （複数回答可）	全体に 占める割合	順位
1	生活リズムが乱れた子どもがいた	1438	67.5%	1
2	運動不足の子どもがいた	1419	66.6%	2
3	臨時休業・再開が繰り返され混乱している子どもがいた	247	11.6%	7
4	登校を苦痛に感じている子どもがいた	467	21.9%	5
5	新しい学年や学級になじめず悩んでいる子どもがいた	248	11.6%	6
6	学校生活への意欲が低下している子どもがいた	662	31.1%	4
7	学習や学力に不安を抱えている子どもがいた	695	32.6%	3
8	進路や受験のことで悩んでいる子どもがいた	164	7.7%	10
9	教師との関係が構築できていない子どもがいた	198	9.3%	8
10	特になし	192	9.0%	9

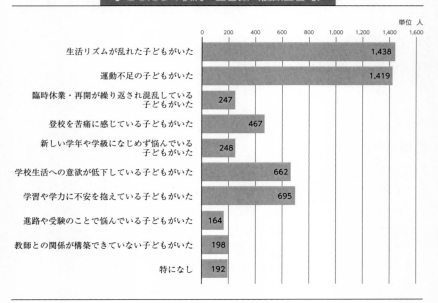

子どもたちの状況：回答数（複数回答可）

単位　人

- 生活リズムが乱れた子どもがいた 1,438
- 運動不足の子どもがいた 1,419
- 臨時休業・再開が繰り返され混乱している子どもがいた 247
- 登校を苦痛に感じている子どもがいた 467
- 新しい学年や学級になじめず悩んでいる子どもがいた 248
- 学校生活への意欲が低下している子どもがいた 662
- 学習や学力に不安を抱えている子どもがいた 695
- 進路や受験のことで悩んでいる子どもがいた 164
- 教師との関係が構築できていない子どもがいた 198
- 特になし 192

■2-2. 校種別集計結果：小学校×中学校×県全体

傾向 学習・学力面や進路・受験面において、中学校のほうが目立って高い割合が示されている。その他は小学校と中学校で概ね同様の傾向を示している。

	項　目	小学校 (n=1,477) 回答数	割合	順位	中学校 (n=646) 回答数	割合	順位	県全体 (n=2,130) 回答数	割合	順位
1	生活リズムが乱れた子どもがいた	1009	68.3%	1	424	65.6%	2	1438	67.5%	1
2	運動不足の子どもがいた	961	65.1%	2	453	70.1%	1	1419	66.6%	2
3	臨時休業・再開が繰り返され混乱している子どもがいた	164	11.1%	6	82	12.7%	8	247	11.6%	7
4	登校を苦痛に感じている子どもがいた	325	22.0%	5	141	21.8%	6	467	21.9%	5
5	新しい学年や学級になじめず悩んでいる子どもがいた	162	11.0%	7	86	13.3%	7	248	11.6%	6
6	学校生活への意欲が低下している子どもがいた	447	30.3%	3	214	33.1%	4	662	31.1%	4
7	学習や学力に不安を抱えている子どもがいた	398	26.9%	4	296	45.8%	3	695	32.6%	3
8	進路や受験のことで悩んでいる子どもがいた	14	0.9%	10	149	23.1%	5	164	7.7%	10
9	教師との関係が構築できていない子どもがいた	141	9.5%	9	56	8.7%	9	198	9.3%	8
10	特になし	142	9.6%	8	49	7.6%	10	192	9.0%	9

小学校×中学校×県全体比較：子どもたちの状況（複数回答可）

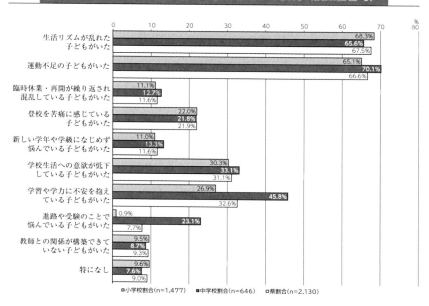

【校種別単純クロス（小学校・中学校）】

傾向 小学校・中学校ともに、「6．学校生活への意欲が低下した子どもがいた」を3割近くが選択している。

凡例… ■選んだ □選ばない

1．生活リズムが乱れた子どもがいた

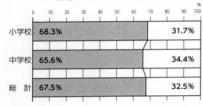

	選んだ	選ばない
小学校	68.3%	31.7%
中学校	65.6%	34.4%
総計	67.5%	32.5%

2．運動不足の子どもがいた

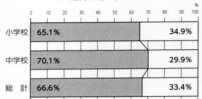

	選んだ	選ばない
小学校	65.1%	34.9%
中学校	70.1%	29.9%
総計	66.6%	33.4%

3．臨時休業・再開が繰り返され混乱している子どもがいた

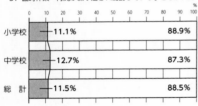

	選んだ	選ばない
小学校	11.1%	88.9%
中学校	12.7%	87.3%
総計	11.5%	88.5%

4．登校を苦痛に感じている子どもがいた

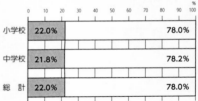

	選んだ	選ばない
小学校	22.0%	78.0%
中学校	21.8%	78.2%
総計	22.0%	78.0%

5．新しい学年や学級になじめず悩んでいる子どもがいた

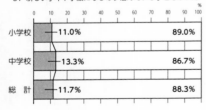

	選んだ	選ばない
小学校	11.0%	89.0%
中学校	13.3%	86.7%
総計	11.7%	88.3%

6．学校生活への意欲が低下している子どもがいた

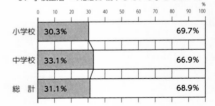

	選んだ	選ばない
小学校	30.3%	69.7%
中学校	33.1%	66.9%
総計	31.1%	68.9%

7．学習や学力に不安を抱えている子どもがいた

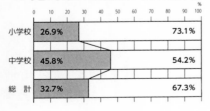

	選んだ	選ばない
小学校	26.9%	73.1%
中学校	45.8%	54.2%
総計	32.7%	67.3%

8．進路や受験のことで悩んでいる子どもがいた

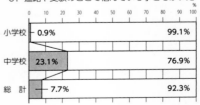

	選んだ	選ばない
小学校	0.9%	99.1%
中学校	23.1%	76.9%
総計	7.7%	92.3%

9．教師との関係が構築できていない子どもがいた
10．特になし

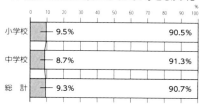
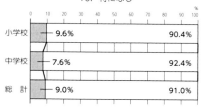

■2-3. 経験年数別単純クロス

※長崎県教員等育成指標準拠　カテゴリー：1～5年、6～11年、12～16年、17年以上

傾向 教員経験年数による把握状況の分析では、目立った傾向性は見られない。

凡例… ■選んだ □選ばない

1．生活リズムが乱れた子どもがいた
2．運動不足の子どもがいた

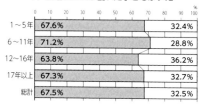

3．臨時休業・再開が繰り返され混乱している子どもがいた
4．登校を苦痛に感じている子どもがいた

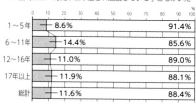
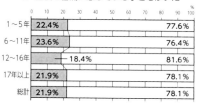

5．新しい学年や学級になじめず悩んでいる子どもがいた
6．学校生活への意欲が低下している子どもがいた

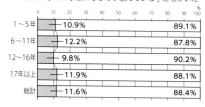
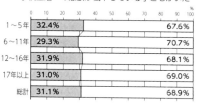

7．学習や学力に不安を抱えている子どもがいた

	割合	残り
1～5年	31.0%	69.0%
6～11年	34.9%	65.1%
12～16年	31.3%	68.7%
17年以上	32.8%	67.2%
総計	32.6%	67.4%

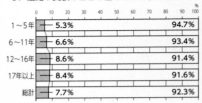

8．進路や受験のことで悩んでいる子どもがいた

	割合	残り
1～5年	5.3%	94.7%
6～11年	6.6%	93.4%
12～16年	8.6%	91.4%
17年以上	8.4%	91.6%
総計	7.7%	92.3%

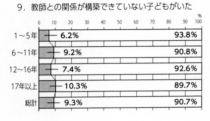

9．教師との関係が構築できていない子どもがいた

	割合	残り
1～5年	6.2%	93.8%
6～11年	9.2%	90.8%
12～16年	7.4%	92.6%
17年以上	10.3%	89.7%
総計	9.3%	90.7%

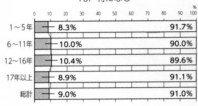

10．特になし

	割合	残り
1～5年	8.3%	91.7%
6～11年	10.0%	90.0%
12～16年	10.4%	89.6%
17年以上	8.9%	91.1%
総計	9.0%	91.0%

■2-4．職位別集計結果：管理職×教諭等×全教職員

傾向 登校を苦痛に感じている子どもや教師との関係が構築できていない子どもの把握において、管理職のほうがやや高い傾向を示している。

	項　目	管理職 (n=462)			教諭等 (n=1,530)			全教職員 (n=2,130)		
		回答数	割合	順位	回答数	割合	順位	回答数	割合	順位
1	生活リズムが乱れた子どもがいた	331	71.6%	1	994	65.0%	2	1438	67.5%	1
2	運動不足の子どもがいた	310	67.1%	2	1008	65.9%	1	1419	66.6%	2
3	臨時休業・再開が繰り返され混乱している子どもがいた	55	11.9%	8	175	11.4%	6	247	11.6%	7
4	登校を苦痛に感じている子どもがいた	119	25.8%	5	304	19.9%	5	467	21.9%	5
5	新しい学年や学級になじめず悩んでいる子どもがいた	63	13.6%	7	165	10.8%	7	248	11.6%	6
6	学校生活への意欲が低下している子どもがいた	149	32.3%	4	479	31.3%	4	662	31.1%	4
7	学習や学力に不安を抱えている子どもがいた	164	35.5%	3	498	32.5%	3	695	32.6%	3
8	進路や受験のことで悩んでいる子どもがいた	50	10.8%	9	103	6.7%	10	164	7.7%	10
9	教師との関係が構築できていない子どもがいた	78	16.9%	6	111	7.3%	9	198	9.3%	8
10	特になし	28	6.1%	10	158	10.3%	8	192	9.0%	9

※管理職…校長、副校長、教頭　　教諭等…教諭・助教諭、講師、主幹教諭、指導教諭

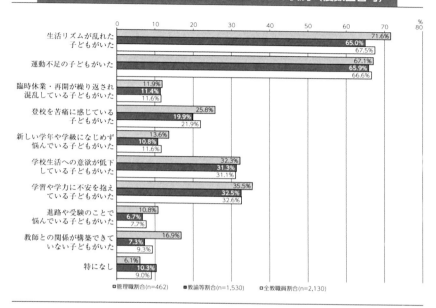

管理職×教諭等×全教職員比較：子どもたちの状況（複数回答可）

生活リズムが乱れた子どもがいた
- 管理職割合 71.6%
- 教諭等割合 65.0%
- 全教職員割合 67.5%

運動不足の子どもがいた
- 67.1%
- 65.9%
- 66.6%

臨時休業・再開が繰り返され混乱している子どもがいた
- 11.9%
- 11.4%
- 11.6%

登校を苦痛に感じている子どもがいた
- 25.8%
- 19.9%
- 21.9%

新しい学年や学級になじめず悩んでいる子どもがいた
- 13.6%
- 10.8%
- 11.6%

学校生活への意欲が低下している子どもがいた
- 32.3%
- 31.3%
- 31.1%

学習や学力に不安を抱えている子どもがいた
- 35.5%
- 32.5%
- 32.6%

進路や受験のことで悩んでいる子どもがいた
- 10.8%
- 6.7%
- 7.7%

教師との関係が構築できていない子どもがいた
- 16.9%
- 7.3%
- 9.3%

特になし
- 6.1%
- 10.3%
- 9.0%

■管理職割合(n=462)　■教諭等割合(n=1,530)　□全教職員割合(n=2,130)

■2-5-1. 学級規模別単純クロス集計（小学校）

傾向　生活リズムの乱れと学校生活の意欲の低下の２項目では、学級規模が大きくなるにつれて回答率も上昇傾向にある。また「１～10人」規模の学級では「8．特になし」が３割にのぼる。

凡例… ■選んだ　□選ばない

1．生活リズムが乱れた子どもがいた

学級規模	選んだ	選ばない
1~10人	51.0%	49.0%
11~15人	58.0%	42.0%
16~20人	62.0%	38.0%
21~25人	65.4%	34.6%
26~30人	66.2%	33.8%
31~35人	81.5%	18.5%
36~40人	78.3%	21.7%

2．運動不足の子どもがいた

学級規模	選んだ	選ばない
1~10人	61.2%	38.8%
11~15人	71.6%	28.4%
16~20人	69.6%	30.4%
21~25人	63.0%	37.0%
26~30人	67.5%	32.5%
31~35人	68.9%	31.1%
36~40人	63.3%	36.7%

3．臨時休業・再開が繰り返され混乱している子どもがいた

%

	0	10	20	30	40	50	60	70	80	90	100

1~10人　7.1%　92.9%
11~15人　10.2%　89.8%
16~20人　7.6%　92.4%
21~25人　10.2%　89.8%
26~30人　11.0%　89.0%
31~35人　11.9%　88.1%
36~40人　15.0%　85.0%

4．登校を苦痛に感じている子どもがいた

%

	0	10	20	30	40	50	60	70	80	90	100

1~10人　10.2%　89.8%
11~15人　5.7%　94.3%
16~20人　13.0%　87.0%
21~25人　25.2%　74.8%
26~30人　22.1%　77.9%
31~35人　25.2%　74.8%
36~40人　31.7%　68.3%

5．新しい学年や学級になじめず悩んでいる子どもがいた

%

1~10人　1.0%　99.0%
11~15人　3.4%　96.6%
16~20人　4.3%　95.7%
21~25人　11.8%　88.2%
26~30人　17.5%　82.5%
31~35人　16.3%　83.7%
36~40人　21.7%　78.3%

6．学校生活への意欲が低下している子どもがいた

%

1~10人　11.2%　88.8%
11~15人　19.3%　80.7%
16~20人　27.2%　72.8%
21~25人　28.3%　71.7%
26~30人　36.4%　63.6%
31~35人　39.3%　60.7%
36~40人　40.0%　60.0%

7．学習や学力に不安を抱えている子どもがいた

%

1~10人　21.4%　78.6%
11~15人　15.9%　84.1%
16~20人　21.7%　78.3%
21~25人　28.3%　71.7%
26~30人　39.6%　60.4%
31~35人　32.6%　67.4%
36~40人　38.3%　61.7%

8．進路や受験のことで悩んでいる子どもがいた

%

1~10人　0.0%　100.0%
11~15人　0.0%　100.0%
16~20人　0.0%　100.0%
21~25人　0.8%　99.2%
26~30人　1.9%　98.1%
31~35人　0.7%　99.3%
36~40人　0.0%　100.0%

9．教師との関係が構築できていない子どもがいた

%

1~10人　2.0%　98.0%
11~15人　3.4%　96.6%
16~20人　3.3%　96.7%
21~25人　10.2%　89.8%
26~30人　6.5%　93.5%
31~35人　9.6%　90.4%
36~40人　13.3%　86.7%

10．特になし

%

	0	10	20	30	40	50	60	70	80	90	100

1~10人　29.6%　70.4%
11~15人　17.0%　83.0%
16~20人　13.0%　87.0%
21~25人　7.1%　92.9%
26~30人　7.8%　92.2%
31~35人　2.2%　97.8%
36~40人　5.0%　95.0%

■2-5-2. 学級規模別単純クロス集計（中学校）

傾向 運動不足、学校生活への意欲の低下、学習や学力への不安の項目において、学級規模が大きくなるにつれて回答率も上昇傾向にある。また「31〜40人」規模の学級では「特になし」の割合が相対的に低い。

凡例… ■ 選んだ □ 選ばない

1．生活リズムが乱れた子どもがいた

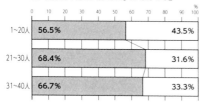

	選んだ	選ばない
1〜20人	56.5%	43.5%
21〜30人	68.4%	31.6%
31〜40人	66.7%	33.3%

2．運動不足の子どもがいた

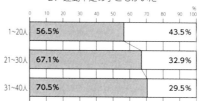

	選んだ	選ばない
1〜20人	56.5%	43.5%
21〜30人	67.1%	32.9%
31〜40人	70.5%	29.5%

3．臨時休業・再開が繰り返され混乱している子どもがいた

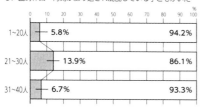

	選んだ	選ばない
1〜20人	5.8%	94.2%
21〜30人	13.9%	86.1%
31〜40人	6.7%	93.3%

4．登校を苦痛に感じている子どもがいた

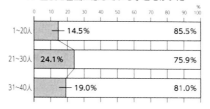

	選んだ	選ばない
1〜20人	14.5%	85.5%
21〜30人	24.1%	75.9%
31〜40人	19.0%	81.0%

5．新しい学年や学級になじめず悩んでいる子どもがいた

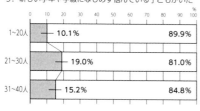

	選んだ	選ばない
1〜20人	10.1%	89.9%
21〜30人	19.0%	81.0%
31〜40人	15.2%	84.8%

6．学校生活への意欲が低下している子どもがいた

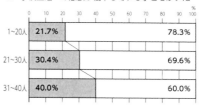

	選んだ	選ばない
1〜20人	21.7%	78.3%
21〜30人	30.4%	69.6%
31〜40人	40.0%	60.0%

7．学習や学力に不安を抱えている子どもがいた

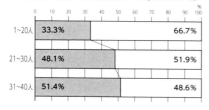

	選んだ	選ばない
1〜20人	33.3%	66.7%
21〜30人	48.1%	51.9%
31〜40人	51.4%	48.6%

8．進路や受験のことで悩んでいる子どもがいた

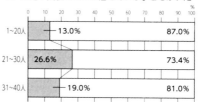

	選んだ	選ばない
1〜20人	13.0%	87.0%
21〜30人	26.6%	73.4%
31〜40人	19.0%	81.0%

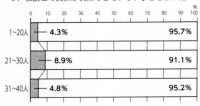

9．教師との関係が構築できていない子どもがいた

	選んだ	選ばない
1~20人	4.3%	95.7%
21~30人	8.9%	91.1%
31~40人	4.8%	95.2%

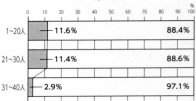

10．特になし

	選んだ	選ばない
1~20人	11.6%	88.4%
21~30人	11.4%	88.6%
31~40人	2.9%	97.1%

■2-6-1．学年別単純クロス集計（小学校）

傾向 生活リズムの乱れでは中学年でピークを示す傾向にある。また登校を苦痛に感じている子どもが1年生でやや高く把握され、小学校入学とコロナ禍本格化の時期的重なりによる影響も示唆される。

凡例… ■選んだ □選ばない

1．生活リズムが乱れた子どもがいた

	選んだ	選ばない
1年	57.0%	43.0%
2年	65.5%	34.5%
3年	70.5%	29.5%
4年	71.2%	28.8%
5年	65.2%	34.8%
6年	66.3%	33.7%
特別支援学級	61.0%	39.0%

2．運動不足の子どもがいた

	選んだ	選ばない
1年	57.6%	42.4%
2年	64.6%	35.4%
3年	54.5%	45.5%
4年	74.4%	25.6%
5年	69.6%	30.4%
6年	71.3%	28.7%
特別支援学級	64.4%	35.6%

3．臨時休業・再開が繰り返され混乱している子どもがいた

	選んだ	選ばない
1年	5.3%	94.7%
2年	11.5%	88.5%
3年	12.5%	87.5%
4年	12.8%	87.2%
5年	13.8%	86.2%
6年	11.6%	88.4%
特別支援学級	12.3%	87.7%

4．登校を苦痛に感じている子どもがいた

	選んだ	選ばない
1年	26.5%	73.5%
2年	21.2%	78.8%
3年	23.2%	76.8%
4年	16.0%	84.0%
5年	23.9%	76.1%
6年	21.0%	79.0%
特別支援学級	17.8%	82.2%

5．新しい学年や学級になじめず悩んでいる子どもがいた

	選んだ	選ばない
1年	13.2%	86.8%
2年	13.3%	86.7%
3年	9.8%	90.2%
4年	10.3%	89.7%
5年	9.4%	90.6%
6年	12.2%	87.8%
特別支援学級	6.2%	93.8%

6．学校生活への意欲が低下している子どもがいた

	選んだ	選ばない
1年	20.5%	79.5%
2年	36.3%	63.7%
3年	28.6%	71.4%
4年	33.3%	66.7%
5年	37.7%	62.3%
6年	32.6%	67.4%
特別支援学級	31.5%	68.5%

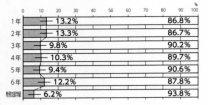

7．学習や学力に不安を抱えている子どもがいた

学年	選んだ	選ばない
1年	23.2%	76.8%
2年	29.2%	70.8%
3年	17.0%	83.0%
4年	34.6%	65.4%
5年	35.5%	64.5%
6年	30.4%	69.6%
特別支援学級	17.8%	82.2%

8．進路や受験のことで悩んでいる子どもがいた

学年	選んだ	選ばない
1年	0.0%	100.0%
2年	0.0%	100.0%
3年	0.9%	99.1%
4年	0.6%	99.4%
5年	0.7%	99.3%
6年	2.2%	97.8%
特別支援学級	2.1%	97.9%

9．教師との関係が構築できていない子どもがいた

学年	選んだ	選ばない
1年	2.6%	97.4%
2年	10.6%	89.4%
3年	6.3%	93.8%
4年	8.3%	91.7%
5年	9.4%	90.6%
6年	6.1%	93.9%
特別支援学級	8.9%	91.1%

10．特になし

学年	選んだ	選ばない
1年	20.5%	79.5%
2年	6.2%	93.8%
3年	15.2%	84.8%
4年	7.7%	92.3%
5年	8.7%	91.3%
6年	7.7%	92.3%
特別支援学級	11.6%	88.4%

■2-6-2．学年別単純クロス集計（中学校）

傾向　登校を苦痛に感じている子どもが全学年を通して2割程度把握されている。

凡例… ■選んだ　□選ばない

1．生活リズムが乱れた子どもがいた

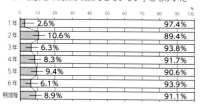

学年	選んだ	選ばない
1年	61.9%	38.1%
2年	69.0%	31.0%
3年	64.2%	35.8%
特別支援学級	73.8%	26.2%

2．運動不足の子どもがいた

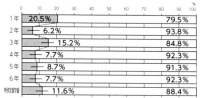

学年	選んだ	選ばない
1年	64.5%	35.5%
2年	65.5%	34.5%
3年	74.7%	25.3%
特別支援学級	73.8%	26.2%

3．臨時休業・再開が繰り返され混乱している子どもがいた

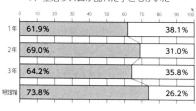

学年	選んだ	選ばない
1年	11.0%	89.0%
2年	7.6%	92.4%
3年	14.7%	85.3%
特別支援学級	11.9%	88.1%

4．登校を苦痛に感じている子どもがいた

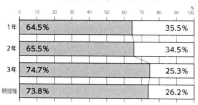

学年	選んだ	選ばない
1年	21.9%	78.1%
2年	20.7%	79.3%
3年	19.5%	80.5%
特別支援学級	26.2%	73.8%

5．新しい学年や学級になじめず悩んでいる子どもがいた

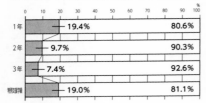

6．学校生活への意欲が低下している子どもがいた

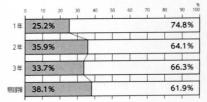

7．学習や学力に不安を抱えている子どもがいた

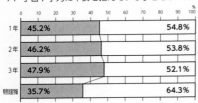

8．進路や受験のことで悩んでいる子どもがいた

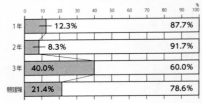

9．教師との関係が構築できていない子どもがいた

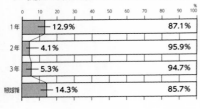

10．特になし

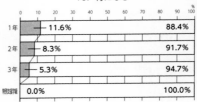

■2-7. 離島・本土別集計結果（管理職・教諭等）

傾向　「5．新しい学年や学級になじめず悩んでいる子どもがいた」「6．学校生活への意欲が低下している子どもがいた」の2項目は、本土のほうが10ポイント近く高い割合を示している。

	項　目	離島 (n=356)			本土 (n=1,774)			県全体 (n=2,130)		
		回答数	割合	順位	回答数	割合	順位	回答数	割合	順位
1	生活リズムが乱れた子どもがいた	230	64.6%	2	1208	68.1%	1	1438	67.5%	1
2	運動不足の子どもがいた	259	72.8%	1	1160	65.4%	2	1419	66.6%	2
3	臨時休業・再開が繰り返され混乱している子どもがいた	25	7.0%	7	222	12.5%	7	247	11.6%	7
4	登校を苦痛に感じている子どもがいた	53	14.9%	5	414	23.3%	5	467	21.9%	5
5	新しい学年や学級になじめず悩んでいる子どもがいた	16	4.5%	8	232	13.1%	6	248	11.6%	6
6	学校生活への意欲が低下している子どもがいた	76	21.3%	4	586	33.0%	4	662	31.1%	4
7	学習や学力に不安を抱えている子どもがいた	100	28.1%	3	595	33.5%	3	695	32.6%	3
8	進路や受験のことで悩んでいる子どもがいた	14	3.9%	10	150	8.5%	10	164	7.7%	10
9	教師との関係が構築できていない子どもがいた	16	4.5%	8	182	10.3%	8	198	9.3%	8
10	特になし	36	10.1%	6	156	8.8%	9	192	9.0%	9

※離島…対馬市、壱岐市、五島市、小値賀町、新上五島町　　本土…離島を除く長崎県内16市町

離島×本土×県全体比較：子どもたちの状況（複数回答可）

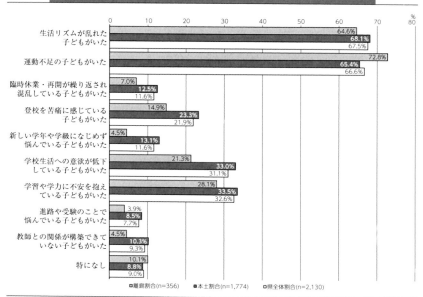

第3章
新型コロナウイルス流行による
保護者への影響

新型コロナウイルス流行による
保護者への影響

－臨時休業中から臨時休業明け直後の保護者の状況についての教職員の認識－

> **設問** 臨時休業期間中から臨時休業明け直後の保護者の状況について、
> 当てはまるものを選択してください（複数回答可）。

【回答項目】

1. 「仕事を休めない」「子どもを預ける場所がない」などに悩んでいる
   と思われる保護者がいた

2. 在宅時の子どもとの関係に悩んでいると思われる保護者がいた

3. 子どもの在宅時の過ごし方に不安を抱いていると思われる保護者が
   いた

4. 子どもの健康状態に不安を抱えていると思われる保護者がいた

5. 子どもの学習の遅れや受験等に不安を抱いていると思われる保護者
   がいた

6. オンライン授業に対応できないと思われる家庭があった

7. 臨時休業や家庭学習等の措置に不満を持っていると思われる保護者
   がいた

8. 特になし

【集計項目】

●結果と示唆

教員が認識している保護者（家庭）の不安・困難として最も多く挙げられたのは、「子どもの在宅時の過ごし方」への不安と「子どもの学習の遅れや受験等」への不安であった。特に中学3年の「学習の遅れや受験等への不安」は60％を超えていた。教員職位別の比較では、教諭等よりも管理職の方が高い値を示していた。離島・本土別の比較では、すべての項目において離島よりも本土の方が高い値を示しており、その差も大きなものだった。

■3-1. 全体集計結果

傾向 「3. 子どもの在宅時の過ごし方に不安を抱いていると思われる保護者がいた」、「5. 子どもの学習の遅れや受験等に不安を抱いていると思われる保護者がいた」、「1. 「仕事を休めない」「子どもを預ける場所がない」などに悩んでいると思われる保護者がいた」の3つが突出して高い数値を示している。

県全体（n=2,130）

	項　　目	回答数 （複数回答可）	全体に 占める割合	順位
1	「仕事を休めない」「子どもを預ける場所がない」などに悩んでいると思われる保護者がいた	782	36.7%	3
2	在宅時の子どもとの関係に悩んでいると思われる保護者がいた	350	16.4%	6
3	子どもの在宅時の過ごし方に不安を抱いていると思われる保護者がいた	1,108	52.0%	1
4	子どもの健康状態に不安を抱えていると思われる保護者がいた	451	21.2%	4
5	子どもの学習の遅れや受験等に不安を抱いていると思われる保護者がいた	1,002	47.0%	2
6	オンライン授業に対応できないと思われる家庭があった	197	9.2%	7
7	臨時休業や家庭学習等の措置に不満を持っていると思われる保護者がいた	196	9.2%	8
8	特になし	381	17.9%	5

保護者の状況：回答数（複数回答可）

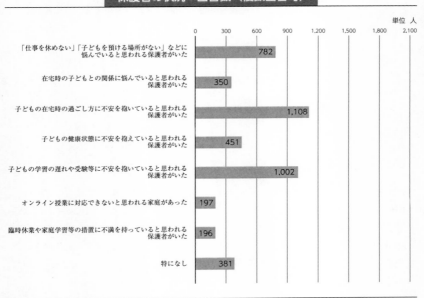

■3-2. 校種別集計結果：小学校×中学校×県全体

傾向　小学校で最も高いのは「3．子どもの在宅時の過ごし方に不安を抱いていると思われる保護者がいた」で、中学校で最も高いのは、「5．子どもの学習の遅れや受験等に不安を抱いていると思われる保護者がいた」であった。「3．子どもの在宅時の過ごし方」への不安は、中学校でも2番目に高かった。

	項　　目	小学校 (n=1,477)			中学校 (n=646)			県全体 (n=2,130)		
		回答数	割合	順位	回答数	割合	順位	回答数	割合	順位
1	「仕事を休めない」「子どもを預ける場所がない」などに悩んでいると思われる保護者がいた	633	42.9%	2	146	22.6%	3	782	36.7%	3
2	在宅時の子どもとの関係に悩んでいると思われる保護者がいた	267	18.1%	6	82	12.7%	7	350	16.4%	6
3	子どもの在宅時の過ごし方に不安を抱いていると思われる保護者がいた	775	52.5%	1	329	50.9%	2	1108	52.0%	1
4	子どもの健康状態に不安を抱えていると思われる保護者がいた	311	21.1%	4	138	21.4%	4	451	21.2%	4
5	子どもの学習の遅れや受験等に不安を抱いていると思われる保護者がいた	616	41.7%	3	382	59.1%	1	1002	47.0%	2
6	オンライン授業に対応できないと思われる家庭があった	112	7.6%	8	84	13.0%	6	197	9.2%	7
7	臨時休業や家庭学習等の措置に不満を持っていると思われる保護者がいた	127	8.6%	7	68	10.5%	8	196	9.2%	8
8	特になし	270	18.3%	5	111	17.2%	5	381	17.9%	5

小学校×中学校×県全体比較：保護者の状況（複数回答可）

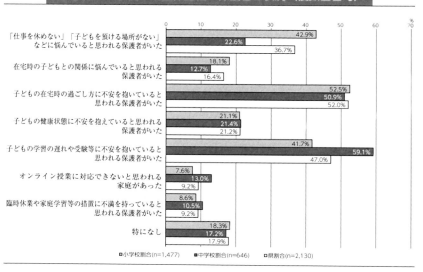

【校種別単純クロス（小学校・中学校）】

傾向 「1．仕事を休めない・子どもを預ける場所がない」は小学校の方が20％ほど高くなっている。「5．子どもの学習の遅れや受験等に不安を抱いていると思われる保護者がいた」は、中学校の方が17％ほど高くなっている。「3．子どもの在宅時の過ごし方に不安を抱いていると思われる保護者がいた」は小中学校いずれにおいても50％を超えている。

凡例… ■選んだ □選ばない

1．「仕事を休めない」「子どもを預ける場所がない」などに悩んでいると思われる保護者がいた

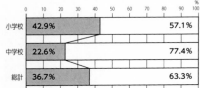

2．在宅時の子どもとの関係に悩んでいると思われる保護者がいた

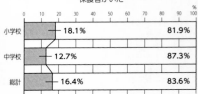

3．子どもの在宅時の過ごし方に不安を抱いていると思われる保護者がいた

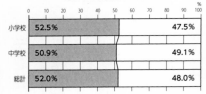

4．子どもの健康状態に不安を抱えていると思われる保護者がいた

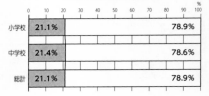

5．子どもの学習の遅れや受験等に不安を抱いていると思われる保護者がいた

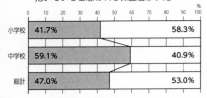

6．オンライン授業に対応できないと思われる家庭があった

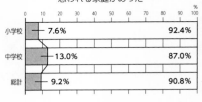

7．臨時休業や家庭学習等の措置に不満を持っていると思われる保護者がいた

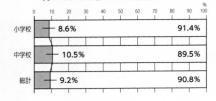

8．特になし

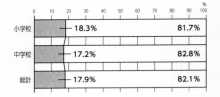

■3-3. 経験年数別単純クロス

※長崎県教員等育成指標準拠　カテゴリー：1～5年、6～11年、12～16年、17年以上

傾向　教員経験年数での比較では特に一貫した傾向は読み取れないが、経験年数「1 ～5年」において全体的に低い値を示す傾向が見られる。

凡例… ■ 選んだ　□ 選ばない

1. 「仕事を休めない」「子どもを預ける場所がない」などに 悩んでいると思われる保護者がいた

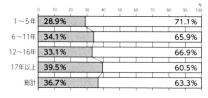

	選んだ	選ばない
1～5年	28.9%	71.1%
6～11年	34.1%	65.9%
12～16年	33.1%	66.9%
17年以上	39.5%	60.5%
総計	36.7%	63.3%

2. 在宅時の子どもとの関係に悩んでいると思われる 保護者がいた

	選んだ	選ばない
1～5年	15.6%	84.4%
6～11年	14.4%	85.6%
12～16年	20.2%	79.8%
17年以上	16.5%	83.5%
総計	16.4%	83.6%

3. 子どもの在宅時の過ごし方に不安を抱いていると 思われる保護者がいた

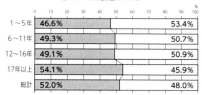

	選んだ	選ばない
1～5年	46.6%	53.4%
6～11年	49.3%	50.7%
12～16年	49.1%	50.9%
17年以上	54.1%	45.9%
総計	52.0%	48.0%

4. 子どもの健康状態に不安を抱えていると 思われる保護者がいた

	選んだ	選ばない
1～5年	16.2%	83.8%
6～11年	22.3%	77.7%
12～16年	23.3%	76.7%
17年以上	21.9%	78.1%
総計	21.2%	78.8%

5. 子どもの学習の遅れや受験等に不安を 抱いていると思われる保護者がいた

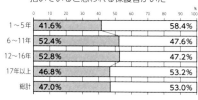

	選んだ	選ばない
1～5年	41.6%	58.4%
6～11年	52.4%	47.6%
12～16年	52.8%	47.2%
17年以上	46.8%	53.2%
総計	47.0%	53.0%

6. オンライン授業に対応できないと 思われる家庭があった

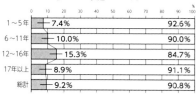

	選んだ	選ばない
1～5年	7.4%	92.6%
6～11年	10.0%	90.0%
12～16年	15.3%	84.7%
17年以上	8.9%	91.1%
総計	9.2%	90.8%

7. 臨時休業や家庭学習等の措置に不満を 持っていると思われる保護者がいた

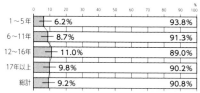

	選んだ	選ばない
1～5年	6.2%	93.8%
6～11年	8.7%	91.3%
12～16年	11.0%	89.0%
17年以上	9.8%	90.2%
総計	9.2%	90.8%

8. 特になし

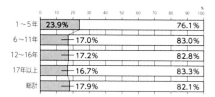

	選んだ	選ばない
1～5年	23.9%	76.1%
6～11年	17.0%	83.0%
12～16年	17.2%	82.8%
17年以上	16.7%	83.3%
総計	17.9%	82.1%

■3-4. 職位別集計結果：管理職×教諭等×全教職員

傾向 「8. 特になし」以外のすべての項目において、管理職が教諭等を上回る結果となっている。

	項　目	管理職（n=462）			教諭等（n=1,530）			全教職員（n=2,130）		
		回答数	割合	順位	回答数	割合	順位	回答数	割合	順位
1	「仕事を休めない」「子どもを預ける場所がない」などに悩んでいると思われる保護者がいた	222	48.1%	3	517	33.8%	3	782	36.7%	3
2	在宅時の子どもとの関係に悩んでいると思われる保護者がいた	98	21.2%	5	233	15.2%	6	350	16.4%	6
3	子どもの在宅時の過ごし方に不安を抱いていると思われる保護者がいた	280	60.6%	1	769	50.3%	1	1108	52.0%	1
4	子どもの健康状態に不安を抱えていると思われる保護者がいた	122	26.4%	4	277	18.1%	5	451	21.2%	4
5	子どもの学習の遅れや受験等に不安を抱いていると思われる保護者がいた	250	54.1%	2	702	45.9%	2	1002	47.0%	2
6	オンライン授業に対応できないと思われる家庭があった	49	10.6%	7	137	9.0%	7	197	9.2%	7
7	臨時休業や家庭学習等の措置に不満を持っていると思われる保護者がいた	65	14.1%	6	119	7.8%	8	196	9.2%	8
8	特になし	47	10.2%	8	301	19.7%	4	381	17.9%	5

※管理職…校長、副校長、教頭　　教諭等…教諭・助教諭、講師、主幹教諭、指導教諭

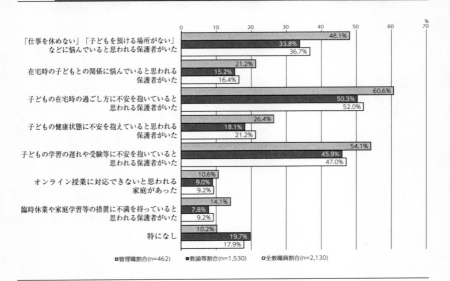

管理職×教諭等×全教職員比較：保護者の状況（複数回答可）

32 ｜ 第3章

■3-5-1. 学年別単純クロス集計（小学校）

傾向 　1年生においては全体的に低い値を示し、「8．特になし」が高くなっている。それ以外については学年別の比較では一貫した傾向は特に見られない。

凡例… ■ 選んだ　□ 選ばない

1．「仕事を休めない」「子どもを預ける場所がない」などに悩んでいると思われる保護者がいた

学年	選んだ	選ばない
1年	38.4%	61.6%
2年	46.0%	54.0%
3年	42.0%	58.0%
4年	36.5%	63.5%
5年	41.3%	58.7%
6年	39.2%	60.8%
照別文安習者	35.6%	64.4%

2．在宅時の子どもとの関係に悩んでいると思われる保護者がいた

学年	選んだ	選ばない
1年	13.2%	86.8%
2年	12.4%	87.6%
3年	15.2%	84.8%
4年	16.7%	83.3%
5年	18.1%	81.9%
6年	17.1%	82.9%
照別文安習者	22.6%	77.4%

3．子どもの在宅時の過ごし方に不安を抱いていると思われる保護者がいた

学年	選んだ	選ばない
1年	41.1%	58.9%
2年	52.2%	47.8%
3年	50.9%	49.1%
4年	50.0%	50.0%
5年	63.8%	36.2%
6年	48.6%	51.4%
照別文安習者	52.7%	47.3%

4．子どもの健康状態に不安を抱えていると思われる保護者がいた

学年	選んだ	選ばない
1年	11.9%	88.1%
2年	24.8%	75.2%
3年	15.2%	84.8%
4年	19.9%	80.1%
5年	29.0%	71.0%
6年	19.9%	80.1%
照別文安習者	15.8%	84.2%

5．子どもの学習の遅れや受験等に不安を抱いていると思われる保護者がいた

学年	選んだ	選ばない
1年	33.8%	66.2%
2年	45.1%	54.9%
3年	44.6%	55.4%
4年	46.2%	53.8%
5年	47.1%	52.9%
6年	44.2%	55.8%
照別文安習者	27.4%	72.6%

6．オンライン授業に対応できないと思われる家庭があった

学年	選んだ	選ばない
1年	6.0%	94.0%
2年	10.6%	89.4%
3年	11.6%	88.4%
4年	9.6%	90.4%
5年	8.0%	92.0%
6年	5.0%	95.0%
照別文安習者	7.5%	92.5%

7．臨時休業や家庭学習等の措置に不満を持っていると思われる保護者がいた

学年	選んだ	選ばない
1年	5.3%	94.7%
2年	10.6%	89.4%
3年	11.6%	88.4%
4年	7.7%	92.3%
5年	4.3%	95.7%
6年	6.1%	93.9%
照別文安習者	8.9%	91.1%

8．特になし

学年	選んだ	選ばない
1年	30.5%	69.5%
2年	15.0%	85.0%
3年	16.1%	83.9%
4年	20.5%	79.5%
5年	13.0%	87.0%
6年	19.9%	80.1%
照別文安習者	23.3%	76.7%

傾向 「5．子どもの学習の遅れや受験等に不安を抱いていると思われる保護者が いた」について、学年が上がるにつれて高くなっており、中学3年では60% を超えている。

凡例… ■選んだ □選ばない

1．「仕事を休めない」「子どもを預ける場所がない」などに 悩んでいると思われる保護者がいた

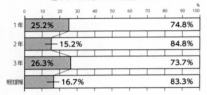

	選んだ	選ばない
1年	25.2%	74.8%
2年	15.2%	84.8%
3年	26.3%	73.7%
特別支援学級	16.7%	83.3%

2．在宅時の子どもとの関係に悩んでいると思われる 保護者がいた

	選んだ	選ばない
1年	13.5%	86.5%
2年	9.7%	90.3%
3年	10.5%	89.5%
特別支援学級	11.9%	88.1%

3．子どもの在宅時の過ごし方に不安を抱いていると 思われる保護者がいた

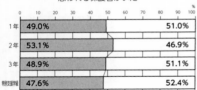

	選んだ	選ばない
1年	49.0%	51.0%
2年	53.1%	46.9%
3年	48.9%	51.1%
特別支援学級	47.6%	52.4%

4．子どもの健康状態に不安を抱えていると 思われる保護者がいた

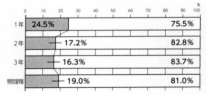

	選んだ	選ばない
1年	24.5%	75.5%
2年	17.2%	82.8%
3年	16.3%	83.7%
特別支援学級	19.0%	81.0%

5．子どもの学習の遅れや受験等に不安を 抱いていると思われる保護者がいた

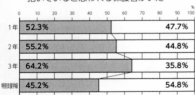

	選んだ	選ばない
1年	52.3%	47.7%
2年	55.2%	44.8%
3年	64.2%	35.8%
特別支援学級	45.2%	54.8%

6．オンライン授業に対応できないと 思われる家庭があった

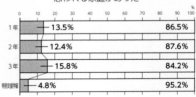

	選んだ	選ばない
1年	13.5%	86.5%
2年	12.4%	87.6%
3年	15.8%	84.2%
特別支援学級	4.8%	95.2%

7．臨時休業や家庭学習等の措置に不満を 持っていると思われる保護者がいた

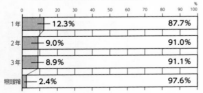

	選んだ	選ばない
1年	12.3%	87.7%
2年	9.0%	91.0%
3年	8.9%	91.1%
特別支援学級	2.4%	97.6%

8．特になし

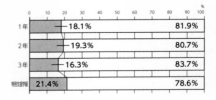

	選んだ	選ばない
1年	18.1%	81.9%
2年	19.3%	80.7%
3年	16.3%	83.7%
特別支援学級	21.4%	78.6%

■3-6. 離島・本土別集計結果（管理職・教諭等）

傾向　「8．特になし」以外のすべての項目について、離島よりも本土のほうが高い値を示し、その差も大きなものとなっている。

	項　目	離島 (n=356)			本土 (n=1,774)			県全体 (n=2,130)		
		回答数	割合	順位	回答数	割合	順位	回答数	割合	順位
1	「仕事を休めない」「子どもを預ける場所がない」などに悩んでいると思われる保護者がいた	85	23.9%	3	697	39.3%	3	782	36.7%	3
2	在宅時の子どもとの関係に悩んでいると思われる保護者がいた	41	11.5%	5	309	17.4%	5	350	16.4%	6
3	子どもの在宅時の過ごし方に不安を抱いていると思われる保護者がいた	130	36.5%	1	978	55.1%	1	1108	52.0%	1
4	子どもの健康状態に不安を抱えていると思われる保護者がいた	37	10.4%	6	414	23.3%	4	451	21.2%	4
5	子どもの学習の遅れや受験等に不安を抱いていると思われる保護者がいた	123	34.6%	2	879	49.5%	2	1002	47.0%	2
6	オンライン授業に対応できないと思われる家庭があった	18	5.1%	8	179	10.1%	7	197	9.2%	7
7	臨時休業や家庭学習等の措置に不満を持っていると思われる保護者がいた	24	6.7%	7	172	9.7%	8	196	9.2%	8
8	特になし	78	21.9%	4	303	17.1%	6	381	17.9%	5

※離島…対馬市、壱岐市、五島市、小値賀町、新上五島町　　本土…離島を除く長崎県内16市町

離島×本土×県全体比較：保護者の状況（複数回答可）

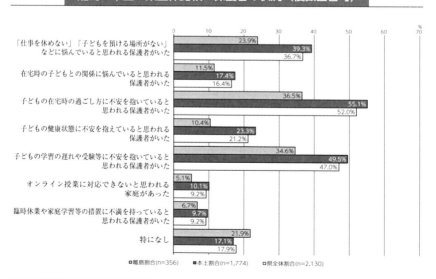

第4章
新型コロナウイルス禍における
教職員の不安

新型コロナウイルス禍における
教職員の不安

－長崎県の教職員は"これからの学校教育"に対してどのような不安を感じているか－

> **設問** これからの学校教育についてお尋ねします。下記の項目のうち、
> あなたが特に不安を感じているものはどれですか（複数回答可）。

【回答項目】

1. 未履修の内容が生じるのではないか
2. 学校行事をどうするか
3. 学級経営（あるいは学校経営）をどうするか
4. 学外行事や部活動の大会への参加や代替措置をどうするか
5. 学級・学校内で子どもたちの健康・安全をどう確保するか
6. 発達障害等の支援を要する子どもたちにどのような対応・配慮をしていけばよいか
7. 学校のオンライン化に対応できるか（環境整備、教材づくり等）
8. オンライン授業教材を子どもたちが家庭で活用できるか
9. 自校の子どもの学力格差が拡大するのではないか
10. 子どもたちの進路保障に支障が生じるのではないか
11. 子どもの中に感染者や濃厚接触者が出るのではないか
12. 子どもの育ちにマイナスの影響があるのではないか
13. 新型コロナウイルスにかかわる保護者への連絡・対応をどうするか（授業、給食、行事、家庭学習など）
14. 学校はますます多忙化していくのではないか
15. 特になし

【集計項目】

●結果と示唆

「これからの学校教育への不安」として、「学校行事」「子どもの健康・安全の確保」「学校の多忙化」「感染者・濃厚接触者がでること」の４項目の回答率が顕著に高く、回答者の６割以上が不安視している。校種別比較では、中学校で部活動や進路保障に対して、小学校で子どもの健康・安全の確保に対して、それぞれ他校種に比して回答率が高い。また、職位別の比較では、教諭等よりも管理職の方が総じて高い回答率を示していた。「学校の多忙化」への不安は、小中ともに学級規模が大きいほど回答率が高い。離島では本土に比べて、「学外行事や部活動の大会への参加や代替措置をどうするか」の回答率が顕著に高い。

傾向　これからの学校教育への不安は、「2．学校行事をどうするか」「5．学級・学校内で子どもたちの健康・安全をどう確保するか」「14．学校はますます多忙化していくのではないか」「11．子どもの中に感染者や濃厚接触者がでるのではないか」の4項目が突出して高い回答数となっており、いずれも6割以上の人が不安視している。

県全体（n=2,130）

	項　目	回答数 （複数回答可）	全体に 占める割合	順位
1	未履修の内容が生じるのではないか	602	28.3%	8
2	学校行事をどうするか	1634	76.7%	1
3	学級経営（あるいは学校経営）をどうするか	466	21.9%	12
4	学外行事や部活動の大会への参加や代替措置をどうするか	632	29.7%	7
5	学級・学校内で子どもたちの健康・安全をどう確保するか	1481	69.5%	2
6	発達障害等の支援を要する子どもたちにどのような対応・配慮をしていけばよいか	443	20.8%	13
7	学校のオンライン化に対応できるか（環境整備、教材づくり等）	811	38.1%	5
8	オンライン授業教材を子どもたちが家庭で活用できるか	549	25.8%	10
9	自校の子どもの学力格差が拡大するのではないか	490	23.0%	11
10	子どもたちの進路保障に支障が生じるのではないか	259	12.2%	14
11	子どもの中に感染者や濃厚接触者が出るのではないか	1302	61.1%	4
12	子どもの育ちにマイナスの影響があるのではないか	598	28.1%	9
13	新型コロナウイルスにかかわる保護者への連絡・対応をどうするか	750	35.2%	6
14	学校はますます多忙化していくのではないか	1321	62.0%	3
15	特になし	24	1.1%	15

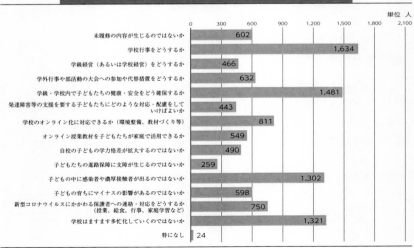

これからの学校教育への不安：回答数（複数回答可）

単位　人

■4-2. 校種別集計結果：小学校×中学校×県全体

傾向 小中学校ともに「2．学校行事をどうするか」が最大の懸念事項となっている。他方で、中学校では学校の多忙化への懸念が第2位、小学校では学級・学校内での子どもたちの健康・安全の確保が第2位となっている。

	項　目	小学校 (n=1,477)			中学校 (n=646)			県全体 (n=2,130)		
		回答数	割合	順位	回答数	割合	順位	回答数	割合	順位
1	未履修の内容が生じるのではないか	425	28.8%	7	177	27.4%	11	602	28.3%	8
2	学校行事をどうするか	1116	75.6%	1	513	79.4%	1	1634	76.7%	1
3	学級経営（あるいは学校経営）をどうするか	333	22.5%	10	133	20.6%	13	466	21.9%	12
4	学外行事や部活動の大会への参加や代替措置をどうするか	287	19.4%	13	342	52.9%	5	632	29.7%	7
5	学級・学校内で子どもたちの健康・安全をどう確保するか	1078	73.0%	2	398	61.6%	3	1481	69.5%	2
6	発達障害等の支援を要する子どもたちにどのような対応・配慮をしていけばよいか	320	21.7%	12	122	18.9%	14	443	20.8%	13
7	学校のオンライン化に対応できるか（環境整備、教材づくり等）	549	37.2%	5	261	40.4%	6	811	38.1%	5
8	オンライン授業教材を子どもたちが家庭で活用できるか	363	24.6%	9	183	28.3%	9	549	25.8%	10
9	自校の子どもの学力格差が拡大するのではないか	330	22.3%	11	159	24.6%	12	490	23.0%	11
10	子どもたちの進路保障に支障が生じるのではないか	53	3.6%	14	204	31.6%	7	259	12.2%	14
11	子どもの中に感染者や濃厚接触者が出るのではないか	910	61.6%	4	388	60.1%	4	1302	61.1%	4
12	子どもの育ちにマイナスの影響があるのではないか	415	28.1%	8	182	28.2%	10	598	28.1%	9
13	新型コロナウイルスにかかわる保護者への連絡・対応をどうするか（授業、給食、行事、家庭学習など）	548	37.1%	6	201	31.1%	8	750	35.2%	6
14	学校はますます多忙化していくのではないか	917	62.1%	3	399	61.8%	2	1321	62.0%	3
15	特になし	17	1.2%	15	7	1.1%	15	24	1.1%	15

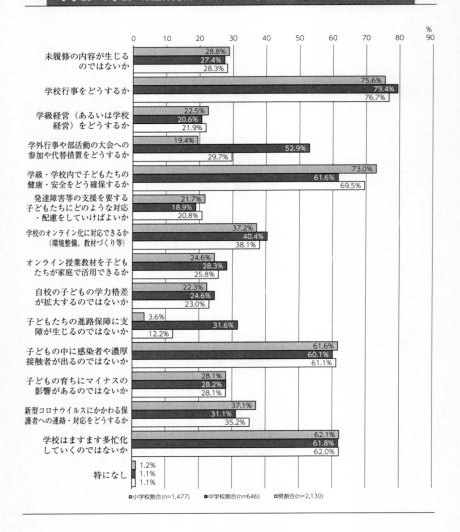

【校種別単純クロス（小学校・中学校）】

傾向 　中学校では、「4．学外行事や部活動大会への参加や代替措置をどうする
か」「10．子どもたちの進路保障に支障が生じるのではないか」の２項目の回
答率が小学校に比して圧倒的に高く、30pt.前後の差がある。

　　他方、小学校では「5．子どもたちの健康・安全の確保」項目の回答率が、
中学校より10pt.以上高い。子どもたちの実態からしても、小学校では学級・学
校内で子どもたちが密になる状況を避けることが難しいことを示唆している。

凡例… ■ 選んだ　□ 選ばない

1．未履修の内容が生じるのではないか

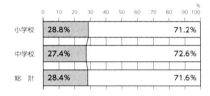

2．学校行事をどうするか

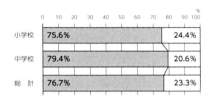

3．学級経営（あるいは学校経営）をどうするか

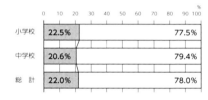

4．学外行事や部活動大会への参加や
　　代替措置をどうするか

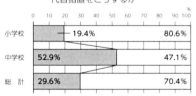

5．学級・学校内で子どもたちの健康・安全を
　　どう確保するか

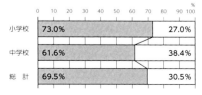

6．発達障害等の支援を要する子どもたちにどの
　　ような対応・配慮をしていけばよいか

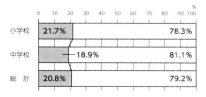

7. 学校のオンライン化に対応できるか
（環境整備、教材づくり等）

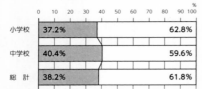

	%
小学校	37.2% / 62.8%
中学校	40.4% / 59.6%
総計	38.2% / 61.8%

8. オンライン授業教材を子どもたちが
家庭で活用できるか

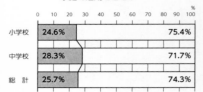

	%
小学校	24.6% / 75.4%
中学校	28.3% / 71.7%
総計	25.7% / 74.3%

9. 自校の子どもの学力格差が
拡大するのではないか

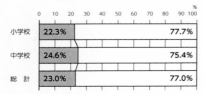

	%
小学校	22.3% / 77.7%
中学校	24.6% / 75.4%
総計	23.0% / 77.0%

10. 子どもたちの進路保障に支障が
生じるのではないか

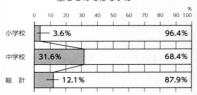

	%
小学校	3.6% / 96.4%
中学校	31.6% / 68.4%
総計	12.1% / 87.9%

11. 子どもの中に感染者や濃厚接触者が
出るのではないか

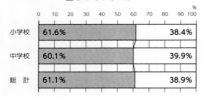

	%
小学校	61.6% / 38.4%
中学校	60.1% / 39.9%
総計	61.1% / 38.9%

12. 子どもの育ちにマイナスの影響が
あるのではないか

	%
小学校	28.1% / 71.9%
中学校	28.2% / 71.8%
総計	28.1% / 71.9%

13. 新型コロナウイルスにかかわる保護者への
連絡・対応をどうするか

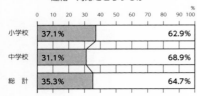

	%
小学校	37.1% / 62.9%
中学校	31.1% / 68.9%
総計	35.3% / 64.7%

14. 学校はますます多忙化していくのではないか

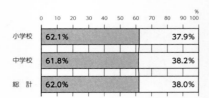

	%
小学校	62.1% / 37.9%
中学校	61.8% / 38.2%
総計	62.0% / 38.0%

15. 特になし

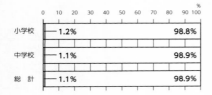

	%
小学校	1.2% / 98.8%
中学校	1.1% / 98.9%
総計	1.1% / 98.9%

■4-3. 経験年数別単純クロス

※長崎県教員等育成指標準拠　カテゴリー：1～5年、6～11年、12～16年、17年以上

傾向　5項目（全体の3分の1の項目：2、5、6、7、13番）で、教職経験年数が長いほど回答率が高い。他方、オンライン化関連の項目（7、8番）に関して、「1～5年目」の教員は6年目以上の教員に比して、回答率が顕著に低い。また、経験年数にかかわらず一貫して高い回答率を示している項目は「14. 学校の多忙化」への懸念であった。

凡例…　■選んだ　□選ばない

1．未履修の内容が生じるのではないか

	選んだ	選ばない
1～5年	28.0%	72.0%
6～11年	30.6%	69.4%
12～16年	34.4%	65.6%
17年以上	27.2%	72.8%
総計	28.3%	71.7%

2．学校行事をどうするか

	選んだ	選ばない
1～5年	66.1%	33.9%
6～11年	72.5%	27.5%
12～16年	74.2%	25.8%
17年以上	80.3%	19.7%
総計	76.7%	23.3%

3．学級経営（あるいは学校経営）をどうするか

	選んだ	選ばない
1～5年	26.8%	73.2%
6～11年	21.8%	78.2%
12～16年	22.1%	77.9%
17年以上	20.7%	79.3%
総計	21.9%	78.1%

4．学外行事や部活動大会への参加や代替措置をどうするか

	選んだ	選ばない
1～5年	22.7%	77.3%
6～11年	26.6%	73.4%
12～16年	35.6%	64.4%
17年以上	31.2%	68.8%
総計	29.7%	70.3%

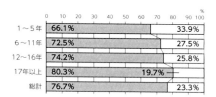

5．学級・学校内で子どもたちの健康・安全をどう確保するか

	選んだ	選ばない
1～5年	61.7%	38.3%
6～11年	65.9%	34.1%
12～16年	70.6%	29.4%
17年以上	71.9%	28.1%
総計	69.5%	30.5%

6．発達障害等の支援を要する子どもたちにどのような対応・配慮をしていけばよいか

	選んだ	選ばない
1～5年	13.9%	86.1%
6～11年	16.2%	83.8%
12～16年	16.6%	83.4%
17年以上	23.7%	76.3%
総計	20.8%	79.2%

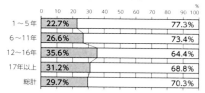

7. 学校のオンライン化に対応できるか（環境整備、教材づくり等）

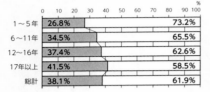

	はい	いいえ
1～5年	26.8%	73.2%
6～11年	34.5%	65.5%
12～16年	37.4%	62.6%
17年以上	41.5%	58.5%
総計	38.1%	61.9%

8. オンライン授業教材を子どもたちが家庭で活用できるか

1～5年	20.4%	79.6%
6～11年	27.1%	72.9%
12～16年	27.0%	73.0%
17年以上	26.7%	73.3%
総計	25.8%	74.2%

9. 自校の子どもの学力格差が拡大するのではないか

1～5年	23.9%	76.1%
6～11年	21.8%	78.2%
12～16年	23.3%	76.7%
17年以上	22.9%	77.1%
総計	23.0%	77.0%

10. 子どもたちの進路保障に支障が生じるのではないか

1～5年	9.1%	90.9%
6～11年	12.7%	87.3%
12～16年	12.3%	87.7%
17年以上	12.8%	87.2%
総計	12.2%	87.8%

11. 子どもの中に感染者や濃厚接触者が出るのではないか

1～5年	53.1%	46.9%
6～11年	50.2%	49.8%
12～16年	58.9%	41.1%
17年以上	65.1%	34.9%
総計	61.1%	38.9%

12. 子どもの育ちにマイナスの影響があるのではないか

1～5年	23.3%	76.7%
6～11年	33.2%	66.8%
12～16年	25.8%	74.2%
17年以上	28.7%	71.3%
総計	28.1%	71.9%

13. 新型コロナウイルスにかかわる保護者への連絡・対応をどうするか

1～5年	31.9%	68.1%
6～11年	32.3%	67.7%
12～16年	34.4%	65.6%
17年以上	36.6%	63.4%
総計	35.2%	64.8%

14. 学校はますます多忙化していくのではないか

1～5年	56.9%	43.1%
6～11年	62.9%	37.1%
12～16年	61.3%	38.7%
17年以上	63.2%	36.8%
総計	62.0%	38.0%

15. 特になし

1～5年	2.4%	97.6%
6～11年	0.9%	99.1%
12～16年	1.2%	98.8%
17年以上	0.9%	99.1%
総計	1.1%	98.9%

■4-4. 職位別集計結果：管理職×教諭等×全教職員

傾向 　２項目（１、９番）を除く全項目で管理職の回答率が高い。特に「11. 感染者や濃厚接触者がでることへの不安」は管理職の方が20pt以上高い。その他、管理職の方が15pt前後高い割合を示した項目として「13. 保護者への連絡・対応」「２. 学校行事をどうするか」「３. 学級経営あるいは学校経営をどうするか」の３項目がある。

	項　　目	管理職 (n=462)			教諭等 (n=1,530)			全教職員 (n=2,130)		
		回答数	割合	順位	回答数	割合	順位	回答数	割合	順位
1	未履修の内容が生じるのではないか	129	27.9%	11	459	30.0%	7	602	28.3%	8
2	学校行事をどうするか	410	88.7%	1	1133	74.1%	1	1634	76.7%	1
3	学級経営（あるいは学校経営）をどうするか	156	33.8%	8	296	19.3%	13	466	21.9%	12
4	学外行事や部活動の大会への参加や代替措置をどうするか	173	37.4%	7	431	28.2%	8	632	29.7%	7
5	学級・学校内で子どもたちの健康・安全をどう確保するか	352	76.2%	2	1023	66.9%	2	1481	69.5%	2
6	発達障害等の支援を要する子どもたちにどのような対応・配慮をしていけばよいか	104	22.5%	12	315	20.6%	12	443	20.8%	13
7	学校のオンライン化に対応できるか（環境整備、教材づくり等）	232	50.2%	5	558	36.5%	5	811	38.1%	5
8	オンライン授業教材を子どもたちが家庭で活用できるか	145	31.4%	9	388	25.4%	10	549	25.8%	10
9	自校の子どもの学力格差が拡大するのではないか	100	21.6%	13	374	24.4%	11	490	23.0%	11
10	子どもたちの進路保障に支障が生じるのではないか	70	15.2%	14	178	11.6%	14	259	12.2%	14
11	子どもの中に感染者や濃厚接触者が出るのではないか	351	76.0%	3	856	55.9%	4	1302	61.1%	4
12	子どもの育ちにマイナスの影響があるのではないか	143	31.0%	10	417	27.3%	9	598	28.1%	9
13	新型コロナウイルスにかかわる保護者への連絡・対応をどうするか（授業、給食、行事、家庭学習など）	216	46.8%	6	463	30.3%	6	750	35.2%	6
14	学校はますます多忙化していくのではないか	291	63.0%	4	941	61.5%	3	1321	62.0%	3
15	特になし	2	0.4%	15	21	1.4%	15	24	1.1%	15

※管理職…校長、副校長、教頭　　教諭等…教諭・助教諭、講師、主幹教諭、指導教諭

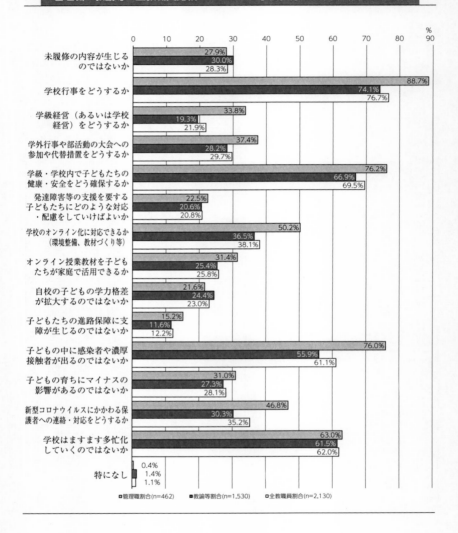

管理職×教諭等×全教職員比較：これからの学校教育への不安（複数回答可）

- 未履修の内容が生じる
  のではないか
  - 27.9%
  - 30.0%
  - 28.3%
- 学校行事をどうするか
  - 88.7%
  - 74.1%
  - 76.7%
- 学級経営（あるいは学校
  経営）をどうするか
  - 33.8%
  - 19.3%
  - 21.9%
- 学外行事や部活動の大会への
  参加や代替措置をどうするか
  - 37.4%
  - 28.2%
  - 29.7%
- 学級・学校内で子どもたちの
  健康・安全をどう確保するか
  - 76.2%
  - 66.9%
  - 69.5%
- 発達障害等の支援を要する
  子どもたちにどのような対応
  ・配慮をしていけばよいか
  - 22.5%
  - 20.6%
  - 20.8%
- 学校のオンライン化に対応できるか
  （環境整備、教材づくり等）
  - 50.2%
  - 36.5%
  - 38.1%
- オンライン授業教材を子ども
  たちが家庭で活用できるか
  - 31.4%
  - 25.4%
  - 25.8%
- 自校の子どもの学力格差
  が拡大するのではないか
  - 21.6%
  - 24.4%
  - 23.0%
- 子どもたちの進路保障に支
  障が生じるのではないか
  - 15.2%
  - 11.6%
  - 12.2%
- 子どもの中に感染者や濃厚
  接触者が出るのではないか
  - 76.0%
  - 55.9%
  - 61.1%
- 子どもの育ちにマイナスの
  影響があるのではないか
  - 31.0%
  - 27.3%
  - 28.1%
- 新型コロナウイルスにかかわる保
  護者への連絡・対応をどうするか
  - 46.8%
  - 30.3%
  - 35.2%
- 学校はますます多忙化
  していくのではないか
  - 63.0%
  - 61.5%
  - 62.0%
- 特になし
  - 0.4%
  - 1.4%
  - 1.1%

■管理職割合(n=462)　■教諭等割合(n=1,530)　□全教職員割合(n=2,130)

■4-5-1. 学級規模別単純クロス集計（小学校）

傾向　「14．学校の多忙化への不安」は、おおむね学級規模が大きいほど回答率が上昇する傾向にある。「5．学級・学校内での子どもたちの健康・安全の確保」「6．発達障害等の支援を要する子どもへの対応・配慮」「11．感染者・濃厚接触者がでるのではないか」の3項目で、「36〜40人学級」を受け持つ担任の回答率が顕著に高い。

凡例… ■選んだ　□選ばない

1．未履修の内容が生じるのではないか

	選んだ	選ばない
1〜10人	31.6%	68.4%
11〜15人	30.7%	69.3%
16〜20人	22.8%	77.2%
21〜25人	33.9%	66.1%
26〜30人	33.1%	66.9%
31〜35人	35.6%	64.4%
36〜40人	31.7%	68.3%

2．学校行事をどうするか

	選んだ	選ばない
1〜10人	75.5%	24.5%
11〜15人	72.7%	27.3%
16〜20人	70.7%	29.3%
21〜25人	69.3%	30.7%
26〜30人	79.2%	20.8%
31〜35人	79.3%	20.7%
36〜40人	65.0%	35.0%

3．学級経営（あるいは学校経営）をどうするか

	選んだ	選ばない
1〜10人	8.2%	91.8%
11〜15人	26.1%	73.9%
16〜20人	26.1%	73.9%
21〜25人	27.6%	72.4%
26〜30人	23.4%	76.6%
31〜35人	29.6%	70.4%
36〜40人	31.7%	68.3%

4．学外行事や部活動大会への参加や代替措置をどうするか

	選んだ	選ばない
1〜10人	25.5%	74.5%
11〜15人	19.3%	80.7%
16〜20人	14.1%	85.9%
21〜25人	16.5%	83.5%
26〜30人	14.9%	85.1%
31〜35人	17.0%	83.0%
36〜40人	25.0%	75.0%

5．学級・学校内で子どもたちの健康・安全をどう確保するか

	選んだ	選ばない
1〜10人	62.2%	37.8%
11〜15人	69.3%	30.7%
16〜20人	72.8%	27.2%
21〜25人	69.3%	30.7%
26〜30人	76.6%	23.4%
31〜35人	73.3%	26.7%
36〜40人	85.0%	15.0%

6．発達障害等の支援を要する子どもたちにどのような対応・配慮をしていけばよいか

	選んだ	選ばない
1〜10人	15.3%	84.7%
11〜15人	10.2%	89.8%
16〜20人	14.1%	85.9%
21〜25人	14.2%	85.8%
26〜30人	12.3%	87.7%
31〜35人	20.7%	79.3%
36〜40人	28.3%	71.7%

7. 学校のオンライン化に対応できるか（環境整備、教材づくり等）

	対応できる	できない
1～10人	35.7%	64.3%
11～15人	43.2%	56.8%
16～20人	34.8%	65.2%
21～25人	32.3%	67.7%
26～30人	38.3%	61.7%
31～35人	28.9%	71.1%
36～40人	38.3%	61.7%

8. オンライン授業教材を子どもたちが家庭で活用できるか

1～10人	27.6%	72.4%
11～15人	34.1%	65.9%
16～20人	20.7%	79.3%
21～25人	18.1%	81.9%
26～30人	23.4%	76.6%
31～35人	22.2%	77.8%
36～40人	28.3%	71.7%

9. 自校の子どもの学力格差が拡大するのではないか

1～10人	22.4%	77.6%
11～15人	18.2%	81.8%
16～20人	22.8%	77.2%
21～25人	23.6%	76.4%
26～30人	33.1%	66.9%
31～35人	23.7%	76.3%
36～40人	31.7%	68.3%

10. 子どもたちの進路保障に支障が生じるのではないか

1～10人	4.1%	95.9%
11～15人	4.5%	95.5%
16～20人	4.3%	95.7%
21～25人	0.8%	99.2%
26～30人	5.2%	94.8%
31～35人	2.2%	97.8%
36～40人	6.7%	93.3%

11. 子どもの中に感染者や濃厚接触者が出るのではないか

1～10人	48.0%	52.0%
11～15人	40.9%	59.1%
16～20人	52.2%	47.8%
21～25人	49.6%	50.4%
26～30人	64.3%	35.7%
31～35人	55.6%	44.4%
36～40人	75.0%	25.0%

12. 子どもの育ちにマイナスの影響があるのではないか

1～10人	29.6%	70.4%
11～15人	22.7%	77.3%
16～20人	29.3%	70.7%
21～25人	25.2%	74.8%
26～30人	26.6%	73.4%
31～35人	23.7%	76.3%
36～40人	28.3%	71.7%

13. 新型コロナウイルスにかかわる保護者への連絡・対応をどうするか

1～10人	35.7%	64.3%
11～15人	30.7%	69.3%
16～20人	43.5%	56.5%
21～25人	26.8%	73.2%
26～30人	33.1%	66.9%
31～35人	34.1%	65.9%
36～40人	31.7%	68.3%

14. 学校はますます多忙化していくのではないか

1～10人	55.1%	44.9%
11～15人	48.9%	51.1%
16～20人	63.0%	37.0%
21～25人	63.8%	36.2%
26～30人	67.5%	32.5%
31～35人	71.9%	28.1%
36～40人	75.0%	25.0%

15. 特になし

1～10人	3.1%	96.9%
11～15人	4.5%	95.5%
16～20人	1.1%	98.9%
21～25人	3.1%	96.9%
26～30人	0.0%	100.0%
31～35人	0.0%	100.0%
36～40人	0.0%	100.0%

■4-5-2. 学級規模別単純クロス集計（中学校）

傾向 「5．学級内での子どもたちの健康・安全の確保」「11．感染者・濃厚接触者がでるのではないか」「14．学校の多忙化への不安」の3項目で、学級規模が大きいほど回答率が上昇している。とくに「11．感染者・濃厚接触者がでるのではないか」の項目では、20人以下の学級と21人以上の学級の間で、後者が20pt.以上回答率が高くなっている。

凡例… ■ 選んだ □ 選ばない

1．未履修の内容が生じるのではないか
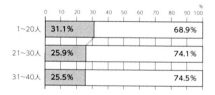

2．学校行事をどうするか
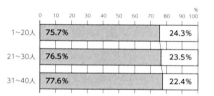

3．学級経営（あるいは学校経営）をどうするか
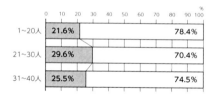

4．学外行事や部活動大会への参加や代替措置をどうするか
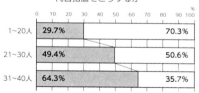

5．学級・学校内で子どもたちの健康・安全をどう確保するか
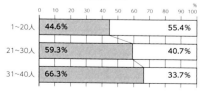

6．発達障害等の支援を要する子どもたちにどのような対応・配慮をしていけばよいか
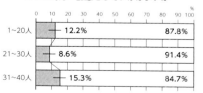

7. 学校のオンライン化に対応できるか
（環境整備、教材づくり等）

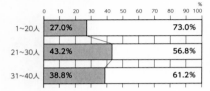

8. オンライン授業教材を子どもたちが
家庭で活用できるか

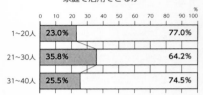

9. 自校の子どもの学力格差が
拡大するのではないか

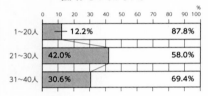

10. 子どもたちの進路保障に支障が
生じるのではないか

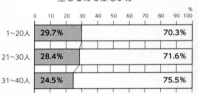

11. 子どもの中に感染者や濃厚接触者が
出るのではないか

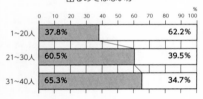

12. 子どもの育ちにマイナスの影響が
あるのではないか

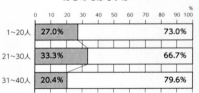

13. 新型コロナウイルスにかかわる保護者への
連絡・対応をどうするか

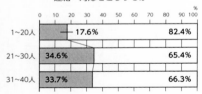

14. 学校はますます多忙化していくのではないか

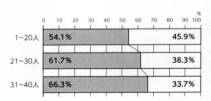

15. 特になし

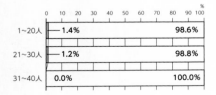

■4-6-1．学年別単純クロス集計（小学校）

傾向　「これからの学校教育への不安」に関する小学校の学年別分析では、目立った傾向はみられない。

凡例… ■ 選んだ　□ 選ばない

1．未履修の内容が生じるのではないか

	選んだ	選ばない
1年	27.2%	72.8%
2年	40.7%	59.3%
3年	30.4%	69.6%
4年	31.4%	68.6%
5年	33.3%	66.7%
6年	33.1%	66.9%
特別支援学級	20.5%	79.5%

2．学校行事をどうするか

	選んだ	選ばない
1年	73.5%	26.5%
2年	70.8%	29.2%
3年	64.3%	35.7%
4年	70.5%	29.5%
5年	76.1%	23.9%
6年	80.1%	19.9%
特別支援学級	68.5%	31.5%

3．学級経営（あるいは学校経営）をどうするか

	選んだ	選ばない
1年	17.9%	82.1%
2年	29.2%	70.8%
3年	25.0%	75.0%
4年	27.6%	72.4%
5年	23.9%	76.1%
6年	21.0%	79.0%
特別支援学級	8.2%	91.8%

4．学外行事や部活動大会への参加や代替措置をどうするか

	選んだ	選ばない
1年	13.2%	86.8%
2年	21.2%	78.8%
3年	18.8%	81.3%
4年	12.8%	87.2%
5年	23.2%	76.8%
6年	20.4%	79.6%
特別支援学級	21.2%	78.8%

5．学級・学校内で子どもたちの健康・安全をどう確保するか

	選んだ	選ばない
1年	76.2%	23.8%
2年	73.5%	26.5%
3年	69.6%	30.4%
4年	73.1%	26.9%
5年	73.2%	26.8%
6年	64.6%	35.4%
特別支援学級	67.8%	32.2%

6．発達障害等の支援を要する子どもたちにどのような対応・配慮をしていけばよいか

	選んだ	選ばない
1年	20.5%	79.5%
2年	15.0%	85.0%
3年	15.2%	84.8%
4年	20.5%	79.5%
5年	15.2%	84.8%
6年	14.4%	85.6%
特別支援学級	56.2%	43.8%

7．学校のオンライン化に対応できるか（環境整備、教材づくり等）

	選んだ	選ばない
1年	43.0%	57.0%
2年	34.5%	65.5%
3年	31.3%	68.8%
4年	23.7%	76.3%
5年	41.3%	58.7%
6年	38.1%	61.9%
特別支援学級	31.5%	68.5%

8．オンライン授業教材を子どもたちが家庭で活用できるか

	選んだ	選ばない
1年	25.2%	74.8%
2年	21.2%	78.8%
3年	17.0%	83.0%
4年	23.7%	76.3%
5年	26.8%	73.2%
6年	27.6%	72.4%
特別支援学級	18.5%	81.5%

9．自校の子どもの学力格差が拡大するのではないか

1年	31.8%	68.2%
2年	25.7%	74.3%
3年	24.1%	75.9%
4年	26.3%	73.7%
5年	21.7%	78.3%
6年	25.4%	74.6%
特別支援学級	15.1%	84.9%

10．子どもたちの進路保障に支障が生じるのではないか

1年	2.0%	98.0%
2年	4.4%	95.6%
3年	1.8%	98.2%
4年	2.6%	97.4%
5年	4.3%	95.7%
6年	6.1%	93.9%
特別支援学級	2.7%	97.3%

11．子どもの中に感染者や濃厚接触者が出るのではないか

1年	54.3%	45.7%
2年	49.6%	50.4%
3年	59.8%	40.2%
4年	55.1%	44.9%
5年	59.4%	40.6%
6年	56.4%	43.6%
特別支援学級	59.6%	40.4%

12．子どもの育ちにマイナスの影響があるのではないか

1年	31.8%	68.2%
2年	25.7%	74.3%
3年	19.6%	80.4%
4年	28.2%	71.8%
5年	22.5%	77.5%
6年	28.2%	71.8%
特別支援学級	26.7%	73.3%

13．新型コロナウイルスにかかわる保護者への連絡・対応をどうするか

1年	31.8%	68.2%
2年	30.1%	69.9%
3年	36.6%	63.4%
4年	28.2%	71.8%
5年	34.1%	65.9%
6年	38.7%	61.3%
特別支援学級	26.7%	73.3%

14．学校はますます多忙化していくのではないか

1年	60.9%	39.1%
2年	65.5%	34.5%
3年	54.5%	45.5%
4年	60.3%	39.7%
5年	74.6%	25.4%
6年	63.5%	36.5%
特別支援学級	57.5%	42.5%

15．特になし

1年	1.3%	98.7%
2年	0.0%	100.0%
3年	2.7%	97.3%
4年	1.9%	98.1%
5年	0.0%	100.0%
6年	3.3%	96.7%
特別支援学級	1.6%	98.4%

■4-6-2. 学年別単純クロス集計（中学校）

傾向 「11. 感染者や濃厚接触者がでることへの不安」は、学年があがるにつれて回答率が高くなっている。また、「10. 進路保障への不安」は3年生の学級担任の回答率が突出して高い。「5. 学級・学校内での健康・安全の確保」「12. 子どもの育ちにマイナスの影響があるのではないか」の2項目では、特別支援学級の担任の回答率が高くなっている。

凡例… ■選んだ　□選ばない

1．未履修の内容が生じるのではないか

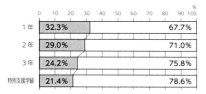

2．学校行事をどうするか

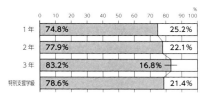

3．学級経営（あるいは学校経営）をどうするか

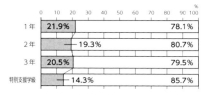

4．学外行事や部活動大会への参加や代替措置をどうするか

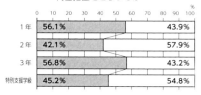

5．学級・学校内で子どもたちの健康・安全をどう確保するか

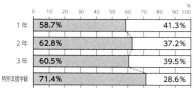

6．発達障害等の支援を要する子どもたちにどのような対応・配慮をしていけばよいか

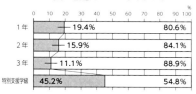

7. 学校のオンライン化に対応できるか（環境整備、教材づくり等）

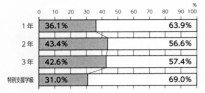

1年	36.1%	63.9%
2年	43.4%	56.6%
3年	42.6%	57.4%
特別支援学級	31.0%	69.0%

8. オンライン授業教材を子どもたちが家庭で活用できるか

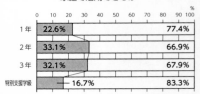

1年	22.6%	77.4%
2年	33.1%	66.9%
3年	32.1%	67.9%
特別支援学級	16.7%	83.3%

9. 自校の子どもの学力格差が拡大するのではないか

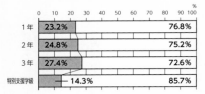

1年	23.2%	76.8%
2年	24.8%	75.2%
3年	27.4%	72.6%
特別支援学級	14.3%	85.7%

10. 子どもたちの進路保障に支障が生じるのではないか

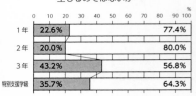

1年	22.6%	77.4%
2年	20.0%	80.0%
3年	43.2%	56.8%
特別支援学級	35.7%	64.3%

11. 子どもの中に感染者や濃厚接触者が出るのではないか

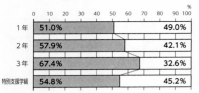

1年	51.0%	49.0%
2年	57.9%	42.1%
3年	67.4%	32.6%
特別支援学級	54.8%	45.2%

12. 子どもの育ちにマイナスの影響があるのではないか

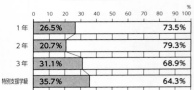

1年	26.5%	73.5%
2年	20.7%	79.3%
3年	31.1%	68.9%
特別支援学級	35.7%	64.3%

13. 新型コロナウイルスにかかわる保護者への連絡・対応をどうするか

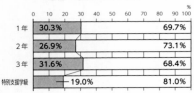

1年	30.3%	69.7%
2年	26.9%	73.1%
3年	31.6%	68.4%
特別支援学級	19.0%	81.0%

14. 学校はますます多忙化していくのではないか

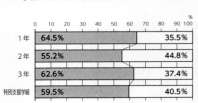

1年	64.5%	35.5%
2年	55.2%	44.8%
3年	62.6%	37.4%
特別支援学級	59.5%	40.5%

15. 特になし

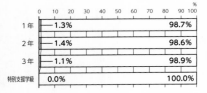

1年	1.3%	98.7%
2年	1.4%	98.6%
3年	1.1%	98.9%
特別支援学級	0.0%	100.0%

■4-7. 離島・本土別集計結果（管理職・教諭等）

傾向 　離島と本土の間で上位項目に変動はない。「4．学外行事や部活動の大会への参加や代替措置をどうするか」の項目で、本土に比べ離島の回答率が顕著に高い（11pt.差）。他方、「9．子どもの学力差への不安」の項目は、離島に比べ本土の回答率が8.8pt.高い。その他の項目は、本土の方が離島より数pt.回答率が高いか同程度である。

	項　目	離島 (n=356)			本土 (n=1,774)			県全体 (n=2,130)		
		回答数	割合	順位	回答数	割合	順位	回答数	割合	順位
1	未履修の内容が生じるのではないか	103	28.9%	8	499	28.1%	8	602	28.3%	8
2	学校行事をどうするか	279	78.4%	1	1355	76.4%	1	1634	76.7%	1
3	学級経営（あるいは学校経営）をどうするか	63	17.7%	11	403	22.7%	12	466	21.9%	12
4	学外行事や部活動の大会への参加や代替措置をどうするか	138	38.8%	5	494	27.8%	9	632	29.7%	7
5	学級・学校内で子どもたちの健康・安全をどう確保するか	234	65.7%	2	1247	70.3%	2	1481	69.5%	2
6	発達障害等の支援を要する子どもたちにどのような対応・配慮をしていけばよいか	61	17.1%	12	382	21.5%	13	443	20.8%	13
7	学校のオンライン化に対応できるか（環境整備、教材づくり等）	122	34.3%	6	689	38.8%	5	811	38.1%	5
8	オンライン授業教材を子どもたちが家庭で活用できるか	84	23.6%	10	465	26.2%	10	549	25.8%	10
9	自校の子どもの学力格差が拡大するのではないか	56	15.7%	13	434	24.5%	11	490	23.0%	11
10	子どもたちの進路保障に支障が生じるのではないか	39	11.0%	14	220	12.4%	14	259	12.2%	14
11	子どもの中に感染者や濃厚接触者が出るのではないか	204	57.3%	4	1098	61.9%	4	1302	61.1%	4
12	子どもの育ちにマイナスの影響があるのではないか	89	25.0%	9	509	28.7%	7	598	28.1%	9
13	新型コロナウイルスにかかわる保護者への連絡・対応をどうするか（授業、給食、行事、家庭学習など）	120	33.7%	7	630	35.5%	6	750	35.2%	6
14	学校はますます多忙化していくのではないか	212	59.6%	3	1109	62.5%	3	1321	62.0%	3
15	特になし	7	2.0%	15	17	1.0%	15	24	1.1%	15

※離島…対馬市、壱岐市、五島市、小値賀町、新上五島町　　本土…離島を除く長崎県内16市町

離島×本土×県全体比較：これからの学校教育への不安（複数回答可）

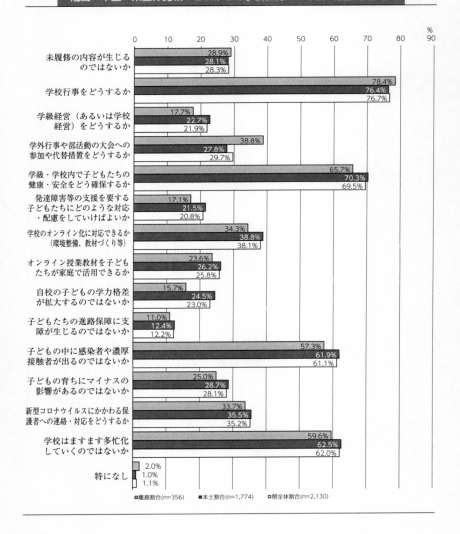

項目	離島割合 (n=356)	本土割合 (n=1,774)	県全体割合 (n=2,130)
未履修の内容が生じるのではないか	28.9%	28.1%	28.3%
学校行事をどうするか	78.4%	76.4%	76.7%
学級経営（あるいは学校経営）をどうするか	17.7%	22.7%	21.9%
学外行事や部活動の大会への参加や代替措置をどうするか	38.8%	27.8%	29.7%
学級・学校内で子どもたちの健康・安全をどう確保するか	65.7%	70.3%	69.5%
発達障害等の支援を要する子どもたちにどのような対応・配慮をしていけばよいか	17.1%	21.5%	20.8%
学校のオンライン化に対応できるか（環境整備、教材づくり等）	34.3%	38.8%	38.1%
オンライン授業教材を子どもたちが家庭で活用できるか	23.6%	26.2%	25.8%
自校の子どもの学力格差が拡大するのではないか	15.7%	24.5%	23.0%
子どもたちの進路保障に支障が生じるのではないか	11.0%	12.4%	12.2%
子どもの中に感染者や濃厚接触者が出るのではないか	57.3%	61.9%	61.1%
子どもの育ちにマイナスの影響があるのではないか	25.0%	28.7%	28.1%
新型コロナウイルスにかかわる保護者への連絡・対応をどうするか	33.7%	35.5%	35.2%
学校はますます多忙化していくのではないか	59.6%	62.5%	62.0%
特になし	2.0%	1.0%	1.1%

■離島割合(n=356)　■本土割合(n=1,774)　□県全体割合(n=2,130)

第5章

新型コロナウイルス禍における学校教育に
必要な支援・配慮

新型コロナウイルス禍における学校教育に必要な支援・配慮

－長崎県の教職員はどのような支援と配慮を必要としているか－

設問 コロナ禍における学校教育への支援や配慮として、とくに必要性を感じているものを選択してください（複数回答可）。

【回答項目】

1. 学習の遅れに対応するための人的・物的支援

2. 子どもの精神的な安定をはかるための支援

3. 保護者対応への支援

4. オンライン授業実施のための環境整備への支援

5. オンライン授業における効果的な授業方法への支援

6. 消毒作業への支援

7. 消毒液や体温計等の支給支援

8. フェイスカバーやアクリル板などの支給支援

9. 部活動に係る諸大会の代替措置

10. 受験や就職に係る取扱いの配慮

11. 緊急時におけるご自身の家庭と仕事の両立支援

12. 特になし

【集計項目】

●結果と示唆

回答者の98％以上が何らかの支援や配慮を求めている。

支援の内容は、校種・経験年数・職位等によって多少異なるが、学習支援へのニーズは高い（「1. 学習の遅れに対応するための人的・物的支援」「4. オンライン授業実施のための環境整備への支援」「5. オンライン授業における効果的な授業方法への支援」）。また、「6. 消毒作業への支援」「7. 消毒液や体温計等の支給支援」の回答数も多く、学習支援と合わせ、感染拡大によって新たに生じた業務への支援も必要と考えられる。

■5-1. 全体集計結果

傾向 回答者の98%以上（2,100人）が何らかの支援や配慮を求めている。
「必要な支援や配慮」の上位項目は、子どもたちの学習支援に関するもの
（「1．学習の遅れに対応するための人的・物的支援」「4．オンライン授業実
施のための環境整備への支援」「5．オンライン授業における効果的な授業
方法への支援」）、消毒作業や物品支給に関するもの（「6．消毒作業への支
援」「7．消毒液や体温計等の支給支援」）の2点に整理できる。

県全体（n=2,130）

	項　　目	回答数 （複数回答可）	全体に 占める割合	順位
1	学習の遅れに対応するための人的・物的支援	1,383	64.9%	1
2	子どもの精神的な安定をはかるための支援	857	40.2%	6
3	保護者対応への支援	629	29.5%	9
4	オンライン授業実施のための環境整備への支援	1,207	56.7%	2
5	オンライン授業における効果的な授業方法への支援	920	43.2%	5
6	消毒作業への支援	1,160	54.5%	3
7	消毒液や体温計等の支給支援	976	45.8%	4
8	フェイスカバーやアクリル板などの支給支援	851	40.0%	7
9	部活動に係る諸大会の代替措置	313	14.7%	11
10	受験や就職に係る取扱いの配慮	408	19.2%	10
11	緊急時におけるご自身の家庭と仕事の両立支援	759	35.6%	8
12	特になし	30	1.4%	12

コロナ禍における学校教育に必要な支援や配慮：回答数（複数回答可）

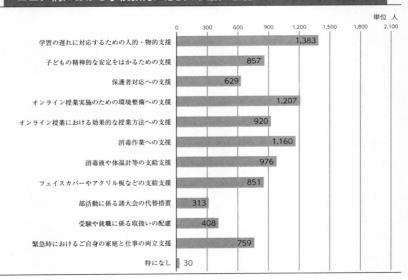

■5-2. 校種別集計結果：小学校×中学校×県全体

傾向 「1．学習の遅れに対応するための人的・物的支援」は、小中学校ともに最上位の「必要な支援」項目となっている。小学校では「6．消毒作業への支援」「7．消毒液や体温計等の支給支援」の順位が中学校と比べて高く、中学校では「10.受験や就職に係る取り扱いの配慮」の順位が小学校と比べて高くなっている。

	項　　目	小学校 (n=1,477)			中学校 (n=646)			県全体 (n=2,130)		
		回答数	割合	順位	回答数	割合	順位	回答数	割合	順位
1	学習の遅れに対応するための人的・物的支援	980	66.4%	1	399	61.8%	1	1,383	64.9%	1
2	子どもの精神的な安定をはかるための支援	588	39.8%	7	266	41.2%	7	857	40.2%	6
3	保護者対応への支援	467	31.6%	9	160	24.8%	11	629	29.5%	9
4	オンライン授業実施のための環境整備への支援	822	55.7%	3	381	59.0%	2	1,207	56.7%	2
5	オンライン授業における効果的な授業方法への支援	625	42.3%	5	292	45.2%	5	920	43.2%	5
6	消毒作業への支援	834	56.5%	2	324	50.2%	4	1,160	54.5%	3
7	消毒液や体温計等の支給支援	703	47.6%	4	270	41.8%	6	976	45.8%	4
8	フェイスカバーやアクリル板などの支給支援	595	40.3%	6	256	39.6%	9	851	40.0%	7
9	部活動に係る諸大会の代替措置	67	4.5%	11	245	37.9%	10	313	14.7%	11
10	受験や就職に係る取扱いの配慮	78	5.3%	10	327	50.6%	3	408	19.2%	10
11	緊急時におけるご自身の家庭と仕事の両立支援	494	33.4%	8	261	40.4%	8	759	35.6%	8
12	特になし	24	1.6%	12	6	0.9%	12	30	1.4%	12

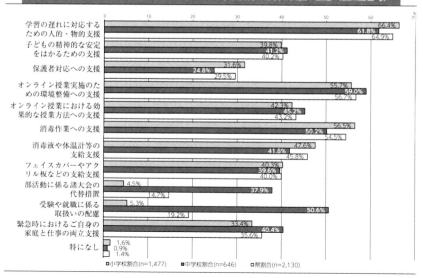

小学校×中学校×県全体比較：コロナ禍における学校教育に必要な支援や配慮（複数回答可）

【校種別単純クロス（小学校・中学校)】

傾向　「1．学習の遅れに対応するための人的・物的支援」「4．オンライン授業
実施のための環境整備への支援」「6．消毒作業への支援」の回答率は、小中
学校ともに50％以上となっている。

　小学校の「3．保護者対応への支援」「6．消毒作業への支援」「7．消毒
液や体温計等の支給支援」は、中学校と比較すると多くの教員が「必要な支
援や配慮」として回答する傾向がある。

　中学校の「9．部活動に係る諸大会の代替措置」「10．受験や就職に係る取り
扱いの配慮」「11．緊急時におけるご自身の家庭と仕事の両立支援」は、小学校
と比較すると多くの教員が「必要な支援や配慮」として回答する傾向がある。

凡例… ■ 選んだ　□ 選ばない

1.学習の遅れに対応するための人的・物的支援

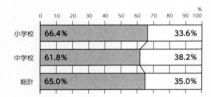

2.子どもの精神的な安定をはかるための支援

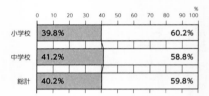

3.保護者対応への支援

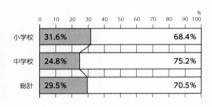

4.オンライン授業実施のための環境整備への支援

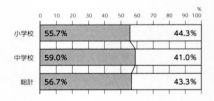

5.オンライン授業における効果的な
　授業方法への支援

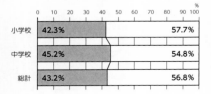

6.消毒作業への支援

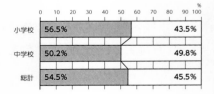

7.消毒液や体温計等の支給支援

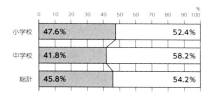

8.フェイスカバーやアクリル板などの支給支援

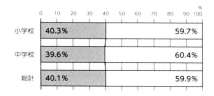

9.部活動に係る諸大会の代替措置

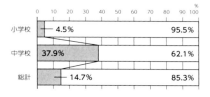

10.受験や就職に係る取扱いの配慮

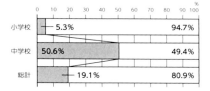

11.緊急時におけるご自身の家庭と仕事の両立支援

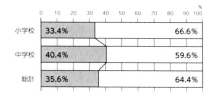

■5-3. 経験年数別単純クロス

※長崎県教員等育成指標準拠　カテゴリー：1～5年、6～11年、12～16年、17年以上

傾向 「1．学習の遅れに対応するための人的・物的支援」「6．消毒作業への支援」の回答率は、どの教職経験年数においても50％以上となっている。

教職経験12～16年の教員は、「4．オンライン授業実施のための環境整備への支援」「5．オンライン授業における効果的な授業方法への支援」「11．緊急時におけるご自身の家庭と仕事の両立支援」を必要とする傾向がみられる。

教職経験年数が短い教員は「3．保護者対応への支援」を必要とする傾向がみられる。

凡例… ■選んだ □選ばない

1.学習の遅れに対応するための人的・物的支援

	選んだ	選ばない
1～5年	60.2%	39.8%
6～11年	68.1%	31.9%
12～16年	66.9%	33.1%
17年以上	65.3%	34.7%
総計	64.9%	35.1%

2.子どもの精神的な安定をはかるための支援

	選んだ	選ばない
1～5年	42.2%	57.8%
6～11年	37.1%	62.9%
12～16年	42.3%	57.7%
17年以上	40.0%	60.0%
総計	40.2%	59.8%

3.保護者対応への支援

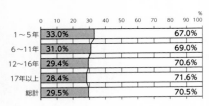

	選んだ	選ばない
1～5年	33.0%	67.0%
6～11年	31.0%	69.0%
12～16年	29.4%	70.6%
17年以上	28.4%	71.6%
総計	29.5%	70.5%

4.オンライン授業実施のための環境整備への支援

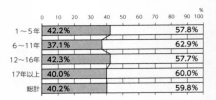

	選んだ	選ばない
1～5年	45.7%	54.3%
6～11年	56.3%	43.7%
12～16年	60.7%	39.3%
17年以上	58.9%	41.1%
総計	56.7%	43.3%

5.オンライン授業における効果的な授業方法への支援

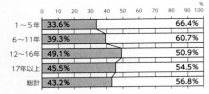

	選んだ	選ばない
1～5年	33.6%	66.4%
6～11年	39.3%	60.7%
12～16年	49.1%	50.9%
17年以上	45.5%	54.5%
総計	43.2%	56.8%

6.消毒作業への支援

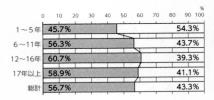
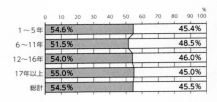

	選んだ	選ばない
1～5年	54.6%	45.4%
6～11年	51.5%	48.5%
12～16年	54.0%	46.0%
17年以上	55.0%	45.0%
総計	54.5%	45.5%

7.消毒液や体温計等の支給支援

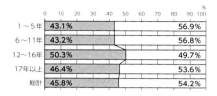

8.フェイスカバーやアクリル板などの支給支援

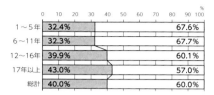

9.部活動に係る諸大会の代替措置

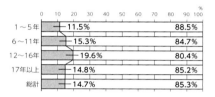

10.受験や就職に係る取扱いの配慮

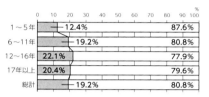

11.緊急時におけるご自身の家庭と仕事の両立支援

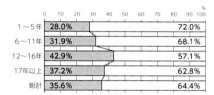

■5-4. 職位別集計結果：管理職×教諭等×全教職員

傾向 管理職は、教諭等に比べ、多くの「必要な支援や配慮」を回答する傾向にある。
管理職と教諭等の回答に大きな差が見られたのは、「4．オンライン授業実施等のための環境整備への支援」「5．オンライン授業における効果的な授業実施方法への支援」であり、いずれも管理職の回答率の方が高い。

	項　　目	管理職 (n=462)			教諭等 (n=1,530)			全教職員 (n=2,130)		
		回答数	割合	順位	回答数	割合	順位	回答数	割合	順位
1	学習の遅れに対応するための人的・物的支援	295	63.9%	2	1027	67.1%	1	1,383	64.9%	1
2	子どもの精神的な安定をはかるための支援	194	42.0%	6	587	38.4%	7	857	40.2%	6
3	保護者対応への支援	128	27.7%	9	451	29.5%	9	629	29.5%	9
4	オンライン授業実施のための環境整備への支援	322	69.7%	1	842	55.0%	2	1,207	56.7%	2
5	オンライン授業における効果的な授業方法への支援	253	54.8%	4	635	41.5%	5	920	43.2%	5
6	消毒作業への支援	263	56.9%	3	795	52.0%	3	1,160	54.5%	3
7	消毒液や体温計等の支給支援	213	46.1%	5	650	42.5%	4	976	45.8%	4
8	フェイスカバーやアクリル板などの支給支援	192	41.6%	7	588	38.4%	6	851	40.0%	7
9	部活動に係る諸大会の代替措置	74	16.0%	11	221	14.4%	11	313	14.7%	11
10	受験や就職に係る取扱いの配慮	92	19.9%	10	290	19.0%	10	408	19.2%	10
11	緊急時におけるご自身の家庭と仕事の両立支援	158	34.2%	8	542	35.4%	8	759	35.6%	8
12	特になし	7	1.5%	12	20	1.3%	12	30	1.4%	12

※管理職…校長、副校長、教頭　　教諭等…教諭・助教諭、講師、主幹教諭、指導教諭

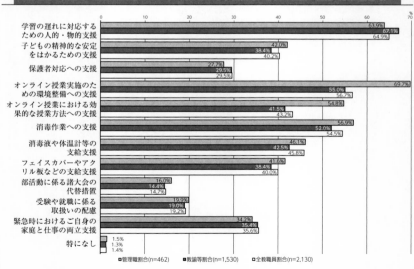

管理職×教諭等×全教職員比較：コロナ禍における学校教育に必要な支援や配慮（複数回答可）

■5-5-1. 学級規模別単純クロス集計（小学校）

傾向　36～40人学級の担任は、比較的多くの項目において支援・配慮を必要とする傾向がみられる。
「1．学習の遅れに対応するための人的・物的支援」「4．オンライン授業実施のための環境整備への支援」「消毒作業への支援」の回答率は、どの学級規模においても45％以上となっている。

凡例… ■ 選んだ　□ 選ばない

1.学習の遅れに対応するための人的・物的支援

学級規模	選んだ	選ばない
1～10人	67.3%	32.7%
11～15人	65.9%	34.1%
16～20人	62.0%	38.0%
21～25人	70.1%	29.9%
26～30人	77.3%	22.7%
31～35人	71.1%	28.9%
36～40人	75.0%	25.0%

2.子どもの精神的な安定をはかるための支援

学級規模	選んだ	選ばない
1～10人	36.7%	63.3%
11～15人	34.1%	65.9%
16～20人	40.2%	59.8%
21～25人	41.7%	58.3%
26～30人	38.3%	61.7%
31～35人	32.6%	67.4%
36～40人	46.7%	53.3%

3.保護者対応への支援

学級規模	選んだ	選ばない
1～10人	23.5%	76.5%
11～15人	29.5%	70.5%
16～20人	28.3%	71.7%
21～25人	26.8%	73.2%
26～30人	34.4%	65.6%
31～35人	33.3%	66.7%
36～40人	40.0%	60.0%

4.オンライン授業実施のための環境整備への支援

学級規模	選んだ	選ばない
1～10人	50.0%	50.0%
11～15人	59.1%	40.9%
16～20人	51.1%	48.9%
21～25人	55.1%	44.9%
26～30人	45.5%	54.5%
31～35人	51.9%	48.1%
36～40人	70.0%	30.0%

5.オンライン授業における効果的な授業方法への支援

学級規模	選んだ	選ばない
1～10人	39.8%	60.2%
11～15人	48.9%	51.1%
16～20人	40.2%	59.8%
21～25人	43.3%	56.7%
26～30人	31.8%	68.2%
31～35人	39.3%	60.7%
36～40人	50.0%	50.0%

6.消毒作業への支援

学級規模	選んだ	選ばない
1～10人	55.1%	44.9%
11～15人	50.0%	50.0%
16～20人	58.7%	41.3%
21～25人	45.7%	54.3%
26～30人	64.3%	35.7%
31～35人	60.0%	40.0%
36～40人	50.0%	50.0%

7.消毒液や体温計等の支給支援

	%
1～10人	38.8% — 61.2%
11～15人	43.2% — 56.8%
16～20人	52.2% — 47.8%
21～25人	42.5% — 57.5%
26～30人	49.4% — 50.6%
31～35人	48.1% — 51.9%
36～40人	38.3% — 61.7%

8.フェイスカバーやアクリル板などの支給支援

	%
1～10人	37.8% — 62.2%
11～15人	43.2% — 56.8%
16～20人	37.0% — 63.0%
21～25人	40.2% — 59.8%
26～30人	37.0% — 63.0%
31～35人	38.5% — 61.5%
36～40人	38.3% — 61.7%

9.部活動に係る諸大会の代替措置

	%
1～10人	12.2% — 87.8%
11～15人	8.0% — 92.0%
16～20人	4.3% — 95.7%
21～25人	3.1% — 96.9%
26～30人	0.6% — 99.4%
31～35人	3.7% — 96.3%
36～40人	5.0% — 95.0%

10.受験や就職に係る取扱いの配慮

	%
1～10人	7.1% — 92.9%
11～15人	3.4% — 96.6%
16～20人	4.3% — 95.7%
21～25人	3.9% — 96.1%
26～30人	5.8% — 94.2%
31～35人	1.5% — 98.5%
36～40人	6.7% — 93.3%

11.緊急時におけるご自身の家庭と仕事の両立支援

	%
1～10人	35.7% — 64.3%
11～15人	37.5% — 62.5%
16～20人	35.9% — 64.1%
21～25人	29.1% — 70.9%
26～30人	33.1% — 66.9%
31～35人	29.6% — 70.4%
36～40人	36.7% — 63.3%

■5-5-2. 学級規模別単純クロス集計（中学校）

傾向　学級規模が大きくなるにつれ、「1．学習の遅れに対応するための人的・物的支援」「7．消毒液や体温計等の支給支援」「11．緊急時におけるご自身の家庭と仕事の両立支援」の回答率は高まる傾向にある。

　「1．学習の遅れに対応するための人的・物的支援」「4．オンライン授業実施のための環境整備への支援」「6．消毒作業への支援」の回答率は、どの学級規模においても45％以上となっている。

凡例…　■ 選んだ　□ 選ばない

1.学習の遅れに対応するための人的・物的支援

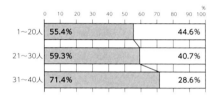

2.子どもの精神的な安定をはかるための支援

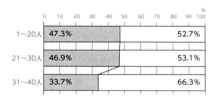

3.保護者対応への支援

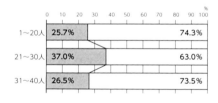

4.オンライン授業実施のための環境整備への支援

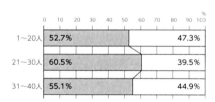

5.オンライン授業における効果的な
授業方法への支援

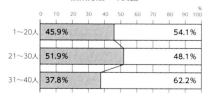

6.消毒作業への支援

7.消毒液や体温計等の支給支援

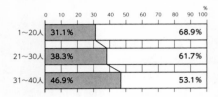

1～20人	31.1%	68.9%
21～30人	38.3%	61.7%
31～40人	46.9%	53.1%

8.フェイスカバーやアクリル板などの支給支援

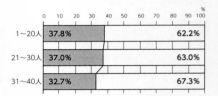

1～20人	37.8%	62.2%
21～30人	37.0%	63.0%
31～40人	32.7%	67.3%

9.部活動に係る諸大会の代替措置

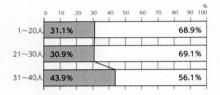

1～20人	31.1%	68.9%
21～30人	30.9%	69.1%
31～40人	43.9%	56.1%

10.受験や就職に係る取扱いの配慮

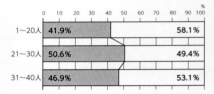

1～20人	41.9%	58.1%
21～30人	50.6%	49.4%
31～40人	46.9%	53.1%

11.緊急時におけるご自身の家庭と仕事の両立支援

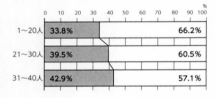

1～20人	33.8%	66.2%
21～30人	39.5%	60.5%
31～40人	42.9%	57.1%

■5-6-1. 学年別単純クロス集計（小学校）

傾向　「1．学習の遅れに対応するための人的・物的支援」「4．オンライン授業実施のための環境整備への支援」「6．消毒作業への支援」の回答率は、どの学年・特別支援学級においても45％以上となっている。

　1年生・特別支援学級では「2．子どもの精神的な安定をはかるための支援」の回答率が比較的高い。特別支援学級では、「10．受験や就職に係る取り扱いの配慮」の回答率が比較的高い。

凡例… ■選んだ　□選ばない

1.学習の遅れに対応するための人的・物的支援

	選んだ	選ばない
1年	70.2%	29.8%
2年	62.8%	37.2%
3年	66.1%	33.9%
4年	77.6%	22.4%
5年	74.6%	25.4%
6年	65.2%	34.8%
特別支援学級	69.9%	30.1%

2.子どもの精神的な安定をはかるための支援

	選んだ	選ばない
1年	46.4%	53.6%
2年	36.3%	63.7%
3年	40.2%	59.8%
4年	34.0%	66.0%
5年	35.5%	64.5%
6年	32.6%	67.4%
特別支援学級	43.2%	56.8%

3.保護者対応への支援

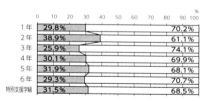

	選んだ	選ばない
1年	29.8%	70.2%
2年	38.9%	61.1%
3年	25.9%	74.1%
4年	30.1%	69.9%
5年	31.9%	68.1%
6年	29.3%	70.7%
特別支援学級	31.5%	68.5%

4.オンライン授業実施のための環境整備への支援

	選んだ	選ばない
1年	53.6%	46.4%
2年	50.4%	49.6%
3年	50.0%	50.0%
4年	54.5%	45.5%
5年	55.8%	44.2%
6年	53.0%	47.0%
特別支援学級	54.1%	45.9%

5.オンライン授業における効果的な授業方法への支援

	選んだ	選ばない
1年	42.4%	57.6%
2年	37.2%	62.8%
3年	37.5%	62.5%
4年	36.5%	63.5%
5年	47.8%	52.2%
6年	43.1%	56.9%
特別支援学級	38.4%	61.6%

6.消毒作業への支援

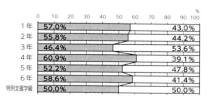

	選んだ	選ばない
1年	57.0%	43.0%
2年	55.8%	44.2%
3年	46.4%	53.6%
4年	60.9%	39.1%
5年	52.2%	47.8%
6年	58.6%	41.4%
特別支援学級	50.0%	50.0%

7.消毒液や体温計等の支給支援

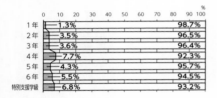

1年	47.7% / 52.3%
2年	46.0% / 54.0%
3年	39.3% / 60.7%
4年	38.5% / 61.5%
5年	50.7% / 49.3%
6年	44.8% / 55.2%
特別支援学級	49.3% / 50.7%

8.フェイスカバーやアクリル板などの支給支援

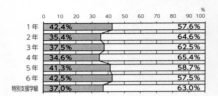

1年	42.4% / 57.6%
2年	35.4% / 64.6%
3年	37.5% / 62.5%
4年	34.6% / 65.4%
5年	41.3% / 58.7%
6年	42.5% / 57.5%
特別支援学級	37.0% / 63.0%

9.部活動に係る諸大会の代替措置

1年	1.3% / 98.7%
2年	3.5% / 96.5%
3年	3.6% / 96.4%
4年	7.7% / 92.3%
5年	4.3% / 95.7%
6年	5.5% / 94.5%
特別支援学級	6.8% / 93.2%

10.受験や就職に係る取扱いの配慮

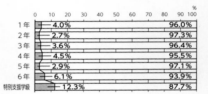

1年	4.0% / 96.0%
2年	2.7% / 97.3%
3年	3.6% / 96.4%
4年	4.5% / 95.5%
5年	2.9% / 97.1%
6年	6.1% / 93.9%
特別支援学級	12.3% / 87.7%

11.緊急時におけるご自身の家庭と仕事の両立支援

1年	33.1% / 66.9%
2年	30.1% / 69.9%
3年	34.8% / 65.2%
4年	30.1% / 69.9%
5年	36.2% / 63.8%
6年	35.9% / 64.1%
特別支援学級	39.0% / 61.0%

■5-6-2. 学年別単純クロス集計（中学校）

傾向 「1．学習の遅れに対応するための人的・物的支援」4．「オンライン授業実施のための環境整備への支援」「6．消毒作業への支援」の回答率は、どの学年・特別支援学級においても45％以上となっている。

1年生・特別支援学級では「2．子どもの精神的な安定をはかるための支援」「7．消毒液や体温計等の支給支援」の回答率が比較的高い。

学年が上がるにつれ、「3．保護者対応への支援」「9．部活動に係る諸大会の代替措置」の回答率は低くなる傾向にある。

3年生の「10．受験や就職に係る取り扱いの配慮」の回答率は他学年等に比べ高い。

凡例… ■選んだ □選ばない

1.学習の遅れに対応するための人的・物的支援
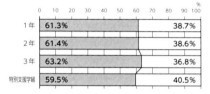

2.子どもの精神的な安定をはかるための支援
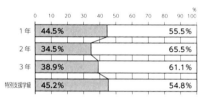

3.保護者対応への支援
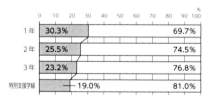

4.オンライン授業実施のための環境整備への支援
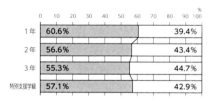

5.オンライン授業における効果的な授業方法への支援
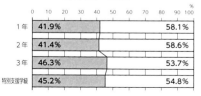

6.消毒作業への支援
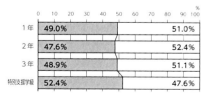

7.消毒液や体温計等の支給支援

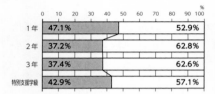

1年	47.1%	52.9%
2年	37.2%	62.8%
3年	37.4%	62.6%
特別支援学級	42.9%	57.1%

8.フェイスカバーやアクリル板などの支給支援

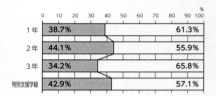

1年	38.7%	61.3%
2年	44.1%	55.9%
3年	34.2%	65.8%
特別支援学級	42.9%	57.1%

9.部活動に係る諸大会の代替措置

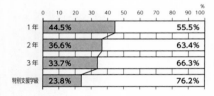

1年	44.5%	55.5%
2年	36.6%	63.4%
3年	33.7%	66.3%
特別支援学級	23.8%	76.2%

10.受験や就職に係る取扱いの配慮

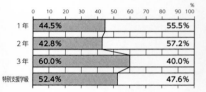

1年	44.5%	55.5%
2年	42.8%	57.2%
3年	60.0%	40.0%
特別支援学級	52.4%	47.6%

11.緊急時におけるご自身の家庭と仕事の両立支援

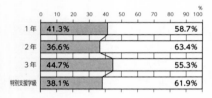

1年	41.3%	58.7%
2年	36.6%	63.4%
3年	44.7%	55.3%
特別支援学級	38.1%	61.9%

■5-7. 離島・本土別集計結果（管理職・教諭等）

傾向 「1. 学習の遅れに対応するための人的・物的支援」「4. オンライン授業実施のための環境整備への支援」「6. 消毒作業への支援」の回答率は、離島・本土ともに50%以上となっている。

離島地域に比べ、本土地域は「1. 学習の遅れに対応するための人的・物的支援」「2. 子どもの精神的な安定をはかるための支援」の回答率が比較的高い。

本土地域に比べ、離島地域は「7. 消毒液や体温計等の支給支援」「9. 部活動に係る諸大会の代替措置」の回答率が高い傾向にある。

	項　　目	離島 (n=356)			本土 (n=1,774)			県全体 (n=2,130)		
		回答数	割合	順位	回答数	割合	順位	回答数	割合	順位
1	学習の遅れに対応するための人的・物的支援	216	60.7%	1	1167	65.8%	1	1,383	64.9%	1
2	子どもの精神的な安定をはかるための支援	127	35.7%	8	730	41.1%	6	857	40.2%	6
3	保護者対応への支援	93	26.1%	9	536	30.2%	9	629	29.5%	9
4	オンライン授業実施のための環境整備への支援	194	54.5%	2	1013	57.1%	2	1,207	56.7%	2
5	オンライン授業における効果的な授業方法への支援	150	42.1%	6	770	43.4%	5	920	43.2%	5
6	消毒作業への支援	193	54.2%	3	967	54.5%	3	1,160	54.5%	3
7	消毒液や体温計等の支給支援	186	52.2%	4	790	44.5%	4	976	45.8%	4
8	フェイスカバーやアクリル板などの支給支援	156	43.8%	5	695	39.2%	7	851	40.0%	7
9	部活動に係る諸大会の代替措置	80	22.5%	10	233	13.1%	11	313	14.7%	11
10	受験や就職に係る取扱いの配慮	66	18.5%	11	342	19.3%	10	408	19.2%	10
11	緊急時におけるご自身の家庭と仕事の両立支援	140	39.3%	7	619	34.9%	8	759	35.6%	8
12	特になし	2	0.6%	12	28	1.6%	12	30	1.4%	12

※離島…対馬市、壱岐市、五島市、小値賀町、新上五島町　　本土…離島を除く長崎県内16市町

離島×本土×県全体比較：コロナ禍における学校教育に必要な支援や配慮（複数回答可）

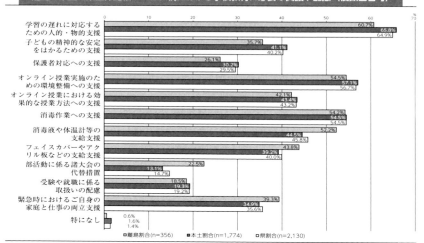

第6章
自由記述まとめ

自由記述まとめ

―長崎県の教職員の声―

「学校教育への支援・配慮として必要なこと」、「コロナ禍で困ったこと」、「今後の学校教育の在り方」等に関する自由記述を求めたところ、約800件の回答がなされた。

　質的コーディングの手法を用い全回答を整理したところ、「学校教育への支援・配慮として必要なこと」は7カテゴリー、「コロナ禍で困ったこと」は15カテゴリー、「今後の学校教育の在り方」は7カテゴリーに分類できた。なお、当該整理は、石川、榎、小西、長谷川、畑中の5名で行った。

【カテゴリー】

学校教育への支援・配慮として必要なこと

1 子どもの育ちの保障とケア

2 基礎的な教育条件の改善

3 With コロナの教育環境・教育支援・教育方法の充実

4 関係者（子ども・教職員・家庭）が感染者・濃厚接触者となった場合の配慮・保護

5 コロナ対策に関するリソースの確保（正しい情報・研修、感染防止策・検査等）

6 コロナ禍における働き方改革

7 学校運営体制の強化（外部協力・連絡手段・危機管理マニュアル・産官学連携）

コロナ禍で困ったこと

1 3密回避の難しさ／クラスター発生への不安

2 学びの場・成長のチャンスの消失
（学校行事の中止、対話・発声・集団づくりを伴う活動と３密回避の両立困難を含む）

3 授業の遅れ、学習の機会均等、高校受験等への影響の懸念

4 子どもの不安・心身の変化・運動不足等への対応
（特別な支援を要する児童生徒への対応を含む）

5 感染症防止に向けた指導の難しさ／教職員・児童生徒の意識の低下
（手洗い・うがい、給食対応など）

6 コロナ対応に伴う教職員の多忙化・疲弊

7 状況に応じた対応判断・意思決定・合意形成の必要性・難しさ・負担
（市町間・学校間での対応の相違、教育活動に係る教職員間や学校－家庭間の考え方の
相違、見通しのなさへの不安を含む）

8 臨時休業要請をめぐる対応の難しさ・負担
（学びの保障、保護者不在時の対応、教職員の働き方、学級経営への影響懸念を含む）

9 児童生徒・教職員・自身の感染時の対応や人手不足への不安
（島特有の不安を含む）

10 マスク装着のつらさ・困難さ、熱中症への懸念

11 噂・憶測・偏見・過度な批判等の広がり（正しい情報の収集の必要性を含む）

12 保護者・地域住民等への対応・支援、連携協働活動の実施の難しさ

13 家庭間の経済格差・環境の違いによる教育活動実施への影響・懸念

14 コロナ禍での教育活動実施のための条件整備の不足
（オンライン環境、感染防止物品、学校予算の不足・裁量権の小ささ）

15 行政対応の遅さ・不統一・現場の実態からの乖離

今後の学校教育の在り方

1 Withコロナの学校教育の在り方の検討（オンライン活用含む）

2 学校における感染拡大防止策の検討

3 学校・教員の自律性の向上

4 自分で判断できる子どもの育成

5 既存の業務の見直しや効率化

6 既存の教育活動の精選・弾力化の検討

7 既存の教育活動の意義の再確認

その他

1 学校の存在意義の再確認

2 教員免許状更新講習への対応

3 文部科学省による通知内容・コロナ対応への不満

4 教育実習の受け入れ

●ポイントと示唆

　予測不可能な事態へ学校個別での対応が困難であった状況が自由記述から読み取れる。それゆえ、管理職を含む教職員の多くが、「行政による支援の充実」を求める傾向がみられた（対応の迅速性、県・市町での対応の統一など）。一方、予測不可能な事態だからこそ、行政等の指示・通達に依存するだけでなく、学校・教職員が自律的に対応する能力を高める必要性を述べる記述や、既存の学校教育内容・業務の再検討の必要性を述べる記述、既存の教育活動の意義を再確認する必要性を述べる記述もみられた。

　また、感染拡大によって生じた新たな業務への対応や、with コロナにおける子どもたちの学びの充実を図るためにも、「基礎的な教育条件の改善」を求める回答も多数みられた（人的支援、学級規模の縮小、教員加配の実現など）。

　長崎大学として、上記のような観点における専門的知見の提供や、学生をはじめとするマンパワーの提供などにおいて、学校現場への貢献可能性が見出せるのではないだろうか。

　次頁以降に、自由記述の全回答を各カテゴリー別に記載する。

　なお、自由記述回答の中には複数のカテゴリーに該当するものもあるが、今回は特に該当すると考えられるカテゴリーのみに記載した。

■6-1. 学校教育への支援・配慮として必要なこと

❶ 子どもの育ちの保障とケア

● 不登校や登校しぶり傾向の子どもの支援等が必要である。（小学校、副校長・教頭）

● 学校は基本的に、密になることを避けられない場であり、他とのコミュニケーションが制限される中、児童に、今後どのような影響が出てくるのか心配である。（小学校、副校長・教頭）

● オンライン授業が受けられない家庭の児童の学力の低下、学力格差が生じないように考えなければならない。（小学校、副校長・教頭）

● コロナ禍で「生活リズムを壊した生徒への支援」が必要だと思います。本校では、そういう生徒に対し学校としてどういう支援ができるのか、メンタルケアアドバイザーを招いて8月末に職員の研修を行う予定です。（中学校、教諭・助教諭）

● 休校になった時の生活リズムの管理と学習環境の格差解消に向けた取組が必要だと感じる。（小学校、副校長・教頭）

● 家庭でネット対応できる環境が完全に整っていない中で、オンラインで教材に取り組ませたり授業を行ったりすることは、教育の機会均等という観点からおかしいと思う。（中学校、教諭・助教諭）

● カウンセリング、心のケアのための人員増。夏休みが短くなり、心の面での影響が出てくるお子さんもおられると思います。今後そのような子への対応もしていかなければなりません。（小学校、副校長・教頭）

● 子ども達が自宅で過ごす時に、遊びを知らない子も多く、ゲームとなってしまいがちなので、発育発達につながるツールを保護者に紹介したり、自宅での時間をどのように活用するか学校でも伝えていく必要があると感じました。（小学校、養護教諭・養護助教諭）

● 運動会をはじめとする教育効果の高い学校行事等を実施したいが、配慮事項に悩んでいる。授業においても、そのような配慮事項に関わる環境整備に支援してほしい。（中学校、校長）

● これを絶好の機会として、学級編制基準や教職員定数の改善、SCや学習支援員、SSW等について改善を図っていただきたい。（中学校、校長）

- コロナ禍に限らず、人的配置が必要である。目に見えない不安との戦いの連続であるので、児童生徒、保護者、教職員等の心の安定を図るため、スクールカウンセラー配置や派遣の拡充が望まれる。（中学校、校長）
- 消毒の徹底、緊急時における学習の対応、子供、家族の精神的ケア（小学校、教諭・助教諭）
- 家庭によっては子どもたちだけで過ごす時間が多くなるため、生活・学習習慣の乱れが生じないよう見守る体制づくりが必要と感じる。（中学校、教諭・助教諭）
- 学校行事が、例年通りには実施できないことと、学力格差が生じないかどうか。（小学校、副校長・教頭）
- 支援や配慮が格差なく、実施できるよう願います。また、誹謗中傷がないよう学校教育を含め、社会全体で取り組んでいきたいと感じます。（中学校、養護教諭・養護助教諭）

2 基礎的な教育条件の改善

- 学校が抱える様々な問題及び今回のコロナの問題、そのどちらも解決できるのは30人学級の実現だと思います。（中学校、教諭・助教諭）
- 小規模校なので、職員がり患した場合の、児童への対応が重い。職員の代替えがないと、職員のり患が拡大した場合、授業等対応できない心配がある。（小学校、副校長・教頭）
- 対面授業を実施できる学級定員と教員配置、教室数の確保が必要。（小学校、校長）
- 子どもたちの学びの場、成長のチャンスの消失が最大の問題である。コロナ禍を少人数学級編制を進める契機にするべきだと思う。（小学校、校長）
- １クラスの人数を減らす施策と教員の増員がまず必要。（小学校、校長）
- 小規模校なので、教職員の人的支援がいただけると助かります。（小学校、副校長・教頭）
- 仕事量が増えたため職員の増員が望まれる。オンライン授業に関しては学校に環境もなく、準備すらできていない。どうしたらいいのかもわからない状態である。（中学校、教諭・助教諭）
- 予備の教室の数が少なく、三密を避けるのが難しかった。教員の数を

増やして、仕事を分担できるようにしてほしい。また、パソコンやテレビ、プロジェクター等の IT の充実を図ってほしい。(小学校、教諭・助教諭)

- 　1学級25人の制度になればよい。そのためにも教員を増やす。(小学校、教諭・助教諭)

- 　オンライン授業の前に、職員のパソコンの不備、ネット環境の不備の解決が先 ??(中学校、教諭・助教諭)

- 　コロナの対策を考える上で、教室に対してどうしても児童数が多いので、学級数を増やす等の対応が必要と感じる。(小学校、教諭・助教諭)

- 　学級の人数を極力減らすことが必要と思います。お互いに意見を交わしたり、つながりをどうもつのか、距離を保ちながらどうしていけばいいのか。マスクで声も聞き取りにくくなり、表情も見えにくい。学習内容の習得だけではない、安心感をどうしていけばいいのか。(中学校、教諭・助教諭)

- 　一学級の人数を20人程度にしてほしい。(小学校、教諭・助教諭)

- 　TT 教員や支援員などの人的支援が欲しい。1学級当たりの子どもの数を20人程度にしてほしい。学校で密にならずに過ごすことは不可能であることを、保護者や世間に理解してほしい。(小学校、教諭・助教諭)

- 　学級の子どもの人数を減らしてください。30人学級にしてもらえると、子どもの問題行動も少なくなるし、担任の仕事量も減ると思います。たった一人で、40人の子どもを担任するのはどうしても漏れや落ちが出てきます。現場を無視した働き方改革には何の意味もありません。仕事を家でするしかありませんするしかありません。現場の先生の声を聞いてほしいです。(小学校、教諭・助教諭)

- 　コロナが流行しなくても、40人学級は、児童数が多すぎると感じていましたが、コロナ禍の今、あまりの密に絶句します。本校には、39人2クラスの学年がありますが、子どもがかわいそうだと思います。40人学級をせめて、35人に、可能ならば30人学級にしてほしい。目も行き届きません。(小学校、教諭・助教諭)

- 　少人数で指導できるように体制を整えることを、本気で考えてほしい。(小学校、教諭・助教諭)

- 　3密にならないように学習する場を増やす。例えば、学級の人数を半分にして授業できるようにしてほしい。人との関わりをどのように深め

ていけばよいのか。(小学校、教諭・助教諭)

- 　学級の児童数の削減が必要なのではないか。(教室の広さと人数の関係から) (小学校、教諭・助教諭)

- 　クラスの人数を少なくする。子どもの体力の低下を防ぐ方法。ICT を使った学習。(小学校、教諭・助教諭)

- 　極小規模校で職員数が少ないため、学校行事や学校が関わる地域の行事が中止になる中、これらの経験ができない転入職員が来年度以降の校務分掌・学校経営において支障をきたす懸念がある。(小学校、副校長・教頭)

- 　40人学級があるが、そのクラスはどうしても物理的に３密を避けられない。コロナウイルスと共存しての生活と考えると、40人学級は厳しいと思う。また、学習の保障という面でも、問題を抱えているため、この際１クラスの上限人数を見直したほうが良いと思った。(小学校、教諭・助教諭)

- 　消毒薬やマスクは個人でも用意した。学校には毎年インフルエンザの流行もあるが、充分に確保しておくことはできない。水道の数も不足して、入念な手洗いには、時間を要する。学校施設の改善も必要。(小学校、教諭・助教諭)

- 　５月の臨時休業あけでは、教室のクーラーが壊れていた。前年度から分かっていたことと思うのに対応されていない。クーラー設置はしていても、機能するのかの点検がなされていなかった。クーラーの埃だらけのように、掃除をしないで引き継ぐ人が多い。クーラー設置からずいぶん時間が経過しているので交換の時期にあると思う。それなのに予算がない。６月いっぱい、クーラーのないまま過ごした。児童が授業中に倒れそう暑いと何度も訴えるため、授業中の給水を許可し、給水に伴う尿意への対応として、トイレも許可した。(小学校、教諭・助教諭)

- 　教室内での机を離すなど限界があり密は避けられない。元々のひとクラスあたりの児童数を減らすべきだと感じる。また、職員数も増やしてフォローができやすい体制が必要だと感じる。(小学校、教諭・助教諭)

- 　教育委員会から様々な配慮の必要性をまとめた指針を出してほしい。そうでなければ、１年生児童に配慮した対応も不適切で問題と見られる。支援の先生が配置されるが、勤務内容に制限があるため、常勤の先生を増やすべきだ。また、小学校でも副担任がいれば、健康面での対応と授

業を進める対応とに分担できる。（小学校、教諭・助教諭）

● 30人学級の実現（小学校、校長）

● 学校で密を避けることはなかなか難しい。今後１学級の児童数を見直してほしいと思う。（小学校、教諭・助教諭）

● １クラスの児童数が、30人を超える教室では、密を避けることは非常に難しい。個に応じた指導の充実を図るためにも、１クラスの定員数を見直すべきだと思います。（小学校、教諭・助教諭）

● ひとクラスの人数を減らしてほしい（小学校、教諭・助教諭）

● 教室は密であるため、少人数学級の実施を急ぐ必要があると感じます。学習や生活の指導上も必要です。（小学校、教諭・助教諭）

● 学校においては、マンパワーが必要であると考える。その為にも人材確保の予算が必要である。（小学校、校長）

● コロナに限らず、さまざまな感染症の拡大を防ぐという観点からも、現在の１学級の児童生徒数の上限を下げてほしい。（小学校、教諭・助教諭）

● 少人数での授業を実施するにも教室と人手が不足している。（小学校、教諭・助教諭）

● 行事の変更、また、休業等があったり新しい生活スタイルの中で教育活動を進めていったりする中での学力の保障などを考えるととにかく人手が欲しい。先生方の疲労も心配である。（小学校、副校長・教頭）

● １学級あたりの児童・生徒数の上限を30名にするよう検討すべき（中学校、教諭・助教諭）

● 家族等にコロナ感染の恐れがあり、勤務できない場合の仕事の代替措置（小学校、教諭・助教諭）

● 学校の中でソーシャルディスタンスを確保することに無理がある。１学級の人数上限を25名以下にする必要がある。（小学校、教諭・助教諭）

● 全学年30人学級を実現させてください。学級の児童数が全学年30人となれば、多くの課題が改善に近づくことは明らかだと思います。教室の広さも30人学級であれば今より３蜜を避けることができます。コロナ禍で児童の健康状態を把握し安全な学校生活を確立する、学力向上を図り学習の質を向上させる、ICTを活用した学習を充実させる、児童一人ひとりに応じた学習面・生活面で必要な支援、配慮ができる…働き方改革

で求められている超過勤務者"0"（目標とされている数値だと思います…)」が達成できる日が近づくと思います。30人学級を実現させるためには、1教諭が予測できない多くの困難や課題があるのだと思っていますが、現場の学級担任の多くは毎日多くの仕事を家庭に持ち帰っています。これからの長崎県を、日本をよい方向にひっぱっていくのは目の前にいるこの子供たちだと思って毎日授業をしています。コロナ禍で、今変わらなければいけないと思います。多くの職員が変わらなければ、変えなければと感じています。どうか職員の思いをこのアンケートを通して目に見える形にしてください。（小学校、教諭・助教諭）

● 学校が抱える様々な問題及び今回のコロナの問題、そのどちらも解決できるのは30人学級の実現だと思います。（中学校、教諭・助教諭）

● 密を避けるために学級の少人数化の必要性を感じる（中学校、教諭・助教諭）

● 教室はどうしても密になってしまう。この機会に学級の児童数の定数を少なくして欲しい。全学年30人以下にしてほしい。（小学校、教諭・助教諭）

● 39人の学級で密をどうしても避けられない。1学級あたりの児童数を減らすべき。（小学校、教諭・助教諭）

● 学校生活は3密を避けることが難しいことが多い。3密を避けるには、学級の人数を減らすことだと思う。また、消毒や体温チェックなどのコロナ対策のための業務も増えている。（小学校、教諭・助教諭）

● 3密を避けるのは、困難だ。40人学級では不可能。児童数、教員数などを考えた人的支援がほしい。（小学校、教諭・助教諭）

● 少人数学級の実現化を図ってほしい。現状では3密を避けるのは難しい。（小学校、教諭・助教諭）

● 本校は人数が少ないのでそれほど密になりませんが、生徒数を25名くらいにしないと蜜を避けての授業は困難かと思います。特に音楽の合唱など。（中学校、教諭・助教諭）

● 学校で対応するのは限界に近い。9月入学のような抜本的な文科省主体の改革が必要。教える内容を削減。新しい生活様式に合わせた学校生活へ対応できるように、一つの教室に40人いれる定数を少人数にする。オンライン、個別最適化に対応する機器、教材。なんでもビルドビルドでスクラップがないことが問題。文科省が率先してスクラップすること

を要求したい。（小学校、教諭・助教諭）

● 3密回避が叫ばれているが、学校の現状として40人近い生徒が狭い教室の中で生活しているため、密接は不可避である。コロナ対策だけでなく、学習指導や生活指導などの面からもせめて20人学級くらいにする必要があると思う。人件費や教室の数など超えなければならないハードルは多いとは思うが、この機会にぜひ実現させてもらいたいと思う。（中学校、校長）

● 様々な行事が延期となり、この2学期に皺寄せが来ており、準備や計画が不十分になるのではないかと不安である。少しでも人手が欲しいと感じる。（中学校、教諭・助教諭）

● 密を避けるのであれば学級の在籍数を減らして生徒同士の距離を十分とってほしい。（中学校、教諭・助教諭）

● 40人編成ですと、密を避けられないので、少人数学級の実現を願います。（小学校、教諭・助教諭）

3 With コロナの教育環境・教育支援・教育方法の充実

● ICT機器の整備と職員の技能習熟の時間の確保、オンライン化に向けたガイドラインの策定（小学校、教諭・助教諭）

● 大変難しいとは思いますが、ネットで学習をサポートできるサイトをつくってほしい。例えばゲーム感覚で問題（クイズ）をクリアしてレベルを上げていくソフトをつくっていただくとか、単元の小テスト問題を無料ダウンロードできるようにするとか（基礎基本的なもの）していただくと大変助かります。（小学校、教諭・助教諭）

● 全ての学校で使えるオンライン授業の映像資料の配布（教科、学年、1単位時間ごとに）（中学校、主幹教諭・指導教諭）

● 今後は、家でもオンライン授業が受けられるよう小学校でも整備するために学校に十分な経費が必要である。（小学校、校長）

● 家庭のICT支援、オンライン授業研修（小学校、教諭・助教諭）

● 全家庭でのオンライン授業実施のための環境整備への支援（小学校、副校長・教頭）

● 本校ではオンライン授業等は行なっていないが、今後その必要性が出てきたときに対応できるか不安。（小学校、教諭・助教諭）

- オンライン授業への職員の対応が心配です。研修が必要（小学校、校長）
- 生徒の学力保障の意味からもオンライン授業をする環境づくりが急務だと思います。（長崎県内では行政によってオンライン化が進んでいる所とそうでない所との格差を感じます）（中学校、教諭・助教諭）
- 学校のICT化の遅れで、オンライン授業が全くできない。早急に環境整備をしてほしい。（小学校、教諭・助教諭）
- 安心安全な環境の下での学習支援（小学校、教諭・助教諭）
- オンライン授業に対応するためのICT機器（タブレットなど）、インターネット環境の整備を市全体に希望します。教師もデスクトップのパソコンしかありません。（中学校、教諭・助教諭）
- オンラインの整備が必要（中学校、教諭・助教諭）
- 今後も休業が考えられるので、オンライン授業ができるような家庭への支援と教師側への指導技術の指導が必要だと思う。（小学校、教諭・助教諭）
- オンライン授業を発信するための学校側の機器や環境の整備（タブレットや校内の映像での放送設備など）（小学校、教諭・助教諭）
- 海外ではオンライン授業に切り替えている。日本でも全国的にオンライン授業ができる環境を整えてほしい。（小学校、講師）
- 今のままでは、オンライン対応が公立学校ではできません。また、会議などもZoomが使えると研修なども実施しやすくなります。外勤や研究会など、私達の学びの機会も保障されません。生徒、教員ともにオンライン環境の充実が必要だと切に思います（中学校、教諭・助教諭）
- オンライン授業ができる環境を整えてほしい。（小学校、教諭・助教諭）
- 効果的なオンライン授業実現のための教職員を対象とした研修。知識技能の詰め込み学習からの脱却と主体的・対話的で深い学びの実現。子供が集う学校教育の限られた時間で何を大切にするか、優先順位の明確化。オンライン授業でできること、教室でできることの差別化。（小学校、副校長・教頭）
- 学校教育のうち、特に学習については早くオンライン化の環境整備を進める必要がある。（中学校、教諭・助教諭）
- 本市はインターネットの環境が整っていない。学校のHPもない。オンラインでの授業など、まだまだ対応できない状況である。まずは、そ

の整備から始めていかなければならない。（小学校、教諭・助教諭）

● オンライン授業の環境整備が必要なのでは。（小学校、教諭・助教諭）

● 人的支援などのソフト面や、予防に関する薬品や用具、オンライン授業のためのハード面など、課題山積である。果たして、小学生が決まった時間にオンライン授業に参加し、学習内容を理解できるのだろうか。（小学校、教諭・助教諭）

● オンライン授業をするにも、家庭の環境の整備が必要である。（小学校、校長）

● 学力や学習に地域差が生じないように、オンラインの整備などをしてほしい。（小学校、教諭・助教諭）

● オンライン学習の環境整備は、教委を中心に環境整備が進められています。あとは、臨時休業になった際に、どのように活用していくのか、効果的な活用方法の研修が必要だと考えます。（中学校、教諭・助教諭）

● オンライン学習等の準備の話があるが、機器ややり方等の学ぶ時間や機会がないこと。（小学校、教諭・助教諭）

● 人的支援とICT環境整備を早急に。（小学校、副校長・教頭）

● オンライン授業ができるようにしてほしい。（中学校、副校長・教頭）

● 公立学校のICT対応の遅れを指摘されているが、現場に対する設備投資や金の使い方に一貫性・発展性が欠けているように感じる。例えば、校内のLANが有線から無線に代わったとき、予算の関係かその能力や使える範囲にかなり制限があり、非常に使いづらい面が多々あった。一例をあげるなら、無線になり、教師機からモニターに動画をとばすと通信速度が遅いため、フリーズし、授業が進まない、とか、TVモニターのスピーカーが教室で音量を上げて使うには能力が低く、外国語の発音が音が割れて聞き取れないとか、親機からオンラインでつないでも、一部の教室だけつながらないとか。つまり、限られた予算でロースペックのものを導入し、だましだまし使い、苦労して使えるようにしたものが新しいものが導入されるとお役御免になり機材だけ残り、新しいものもロースペックで使えない…の繰り返しのように感じる。事業として進めるのはいいがもう少し大局的な視点が欲しい。（小学校、教諭・助教諭）

● 物的な支援は、十分にしていただいていると感謝しています。今後は、

より新しい教育の在り方を創造するためにも、GIGA スクール構想等に対応するためにも、まずは教職員がそういったことに対応できる知識、技能の習得等が急がれると思います。(中学校、教諭・助教諭)

● オンライン授業にいきなり移行するのは難しい。設備は整ってきているかもしれないが、どのように授業をしていくのか、見通しが持てていない。(小学校、教諭・助教諭)

4 関係者 (子ども・教職員・家庭) が感染者・濃厚接触者となった場合の配慮・保護

● 教職員や児童が感染者や濃厚接触者になったとしても、人権 (プライバシー) がきちんと守られ、回復した時に登校や職場復帰がスムーズにできるような配慮が必要だと思う。(小学校、教諭・助教諭)

● コロナにかかってしまった児童やその家族、職員などが出た場合の風評被害が心配 (小学校、教諭・助教諭)

● 家族を含め感染した場合の風評被害 (小学校、教諭・助教諭)

● 生徒が感染した可能性がある場合の対応が難しい。また、自分が感染を広げてしまう不安。感染し、すぐに治らなかった場合、生徒の学習や校務がどうなるか心配です。(中学校、教諭・助教諭)

● コロナウイルスについての正しい情報の提供やコロナウイルス感染者や医療従事者への差別や偏見に対する教育の実施。(小学校、教諭・助教諭)

● 地域で感染者が出た場合の風評被害がないようにしたい (中学校、教諭・助教諭)

● 児童が感染した場合の様々な人権問題。(小学校、教諭・助教諭)

● まだ、実際に学校で、感染者が出ていないが、もし出た場合、その児童や保護者が差別されないような配慮が一番大事だと思います。(小学校、教諭・助教諭)

● 今後、児童や保護者に感染者が出た時のことを考えるとたいへん気が重い。(小学校、校長)

● あらゆる対策を講じても、感染はする…しかしながら感染した場合、感染者をバッシングしてしまう風潮がやまないことに、かなりの懸念をもつ。もちろん、そのあたりの差別的なことについては、子どもたちへ

の指導はできるものの、周りの大人たちはそうはいかないところが問題である。（小学校、副校長・教頭）

● 今の状況では新型コロナに感染すると、周りが過剰反応してしまい大変なことになる。子供たちが感染しないように努めていくのは当然のことだが、万が一感染してしまった子供や家庭を守っていくことが大切だと思う。（小学校、教諭・助教諭）

● 教職員の感染が発覚すると学校名まで公表され、それだけ責任が伴う職業であるかもしれませんが、そこは他の職種と同じように公表するしないの選択の権利があるべきではと感じました。（小学校、教諭・助教諭）

● クラスター発生を未然に防ぐ為、全国民が感染防止自衛策を講じる必要がある。不要不急な外出や観光自粛、感染アプリ登録、マスク着用など、自己衛生管理意識を高めることに対してより切実に対応してほしい。リモート学習ができる環境整備は、学力低下を防ぐため急務。医療関係者および子どもへの差別防止。（小学校、教諭・助教諭）

● 児童・保護者・教師等、感染者や濃厚接触者が出た場合、混乱が生じるだろうと予想される。（小学校、教諭・助教諭）

● 行事の精選や内容・方法の見直しを図るとともに差別や偏見を持たせない指導の充実を図らなければいけない。（小学校、教諭・助教諭）

● 噂や誹謗中傷など、いわゆる【コロナ差別】を生み出さないような指導（中学校、教諭・助教諭）

● 今後、学校内で感染者や濃厚接触者が出たらどうなるのか。with コロナと言われているが、逆にコロナいじめなども聞かれるので、自分自身を含めた学校関係がどうなるのかが心配。（中学校、教諭・助教諭）

● 学校の生徒・教職員が発生した時の誹謗中傷や差別などの発生が心配である。（中学校、校長）

● コロナ関連での人間関係の安定。もしもの場合、いじめや差別がないよう、事前に考えさせる場面を作る必要がある。（小学校、教諭・助教諭）

● 感染者情報公開による感染拡大防止を図るのか、感染者の個人情報保持を重視し続けるのか（小学校、副校長・教頭）

● 医療関係、福祉関係の保護者の方は特に修学旅行等の行事に配慮が必要に感じた。（中学校、副校長・教頭）

- 保護者や子どもが陽性と判明した場合、誰が責任をもって相談に乗ってくれるのか？このような実際に罹った場合の地域別具体例がわからないから、不安になる。（小学校、教諭・助教諭）
- 教員自身が感染したときの周囲からのバッシングがひどいので、かかったときの不安が大きい。職員への配慮がほしい。（中学校、教諭・助教諭）
- 子どもやその家族が感染した場合に、差別的な言動をさせないための指導が必要であると思う。（小学校、養護教諭・養護助教諭）
- 感染者の年齢・勤務先を非公表にし、人権を配慮している。それなのに、教職員だけは、学校名・職名・部活動等公表されてしまう。ここまで報道されると、個人名が特定されてしまう。「感染者への人権を配慮するように」と言っているが、相反するようなことをしている。教職員の人権について配慮しているとは思えない。（中学校、副校長・教頭）
- コロナウイルス感染症については、いずれ誰もが罹るのではないか。いつ罹ってもおかしくない状況にあると思う。その中で、差別を生まないための指導が必要不可欠であると考える。（小学校、教諭・助教諭）
- 児童や教職員がコロナに感染したときの対応よりも風評被害、つまりコロナよりも人が怖い。（小学校、校長）
- もし、感染した児童がいた場合の人権問題等について、学校生活全般を通した指導が必要。（小学校、養護教諭・養護助教諭）

5 コロナ対策に関するリソースの確保（正しい情報・研修、感染防止策・検査等）

- 自分が感染しないように気をつけて生活しているが不安である。教職員が検査を受けることができるようになるといいと思う。また、自分たちは気をつけているが、研修で島外に行かなくてはならなかったり、島外から訪問して授業参観などをされると不安になる。（小学校、教諭・助教諭）
- マスクの寄付や支給があったのはとても助かった。消毒液や体温計などなかなか手に入らず、とても困っている。ぜひ支給していただきたい。（小学校、養護教諭・養護助教諭）
- 体温計やマスク・消毒液の不足。情報（テレビ・新聞・ネット）の取捨選択が難しい、何をどう生徒へ伝えればいいのか迷うことが多い（中学校、校長）

- 県主催の感染症研修などで、職員の意識を向上させる必要性を感じます。職員の予防意識の差が行動となり、感染拡大に繋がると思われます。（中学校、養護教諭・養護助教諭）

- 子供の安心・安全を守るための物的支援や環境支援（ずいぶんしていただいているとは思いますが、無駄にしないようできるだけ最低限で使用しています）（小学校、教諭・助教諭）

- 安全に学校生活を過ごすための物的支援、人的支援を求める。コロナ禍では、児童はもちろん職員、家族等に感染者が出た場合の対応に不安を感じている。（小学校、校長）

- おでこで測る体温計があると、体温を測らずに登校してきた生徒への対応が素早くできます。自分が感染をひろげたら、学校が休校になり、生徒にも感染させ、多大な影響があることを実感しました。教員にはPCR検査を課してほしい。（中学校、教諭・助教諭）

- 疑いがある生徒が学校内で出た時の対応を考えている（隔離部屋等）、消毒液や手洗い用石鹸、体温計、マスク等の必要不可欠な物品の不足などを心配している。（中学校、養護教諭・養護助教諭）

- 学校内での感染拡大をさせないために、水道の蛇口やトイレの水を流すレバーを非接触型のものに完全移行してほしい。（中学校、教諭・助教諭）

- 物理的な支援（体温計・消毒・カバーやガード・印刷物に関わる用紙やインク）もしてほしい。（小学校、教諭・助教諭）

- 消毒液や非接触型体温計が不足しており、支給してもらうかネットで買えるようにできないのか。（小学校、養護教諭・養護助教諭）

- コロナ禍に対応するべき、消毒や環境整備において、物資・人材不足で、安全な環境を確保できない。（小学校、教諭・助教諭）

- 3密への対応が難しい、飛沫対策グッズなどの物的支援がほしい（小学校、教諭・助教諭）

- コロナウイルスに対する正しい理解。コロナによる差別がないようにすること。（小学校、教諭・助教諭）

- コロナ対策の有効な手立て情報、コロナ感染情報の不足（小学校、校長）

- 感染症について、マスコミや政府があまりにも騒ぎすぎている。（中学校、養護教諭・養護助教諭）

- 新型コロナウイルス感染症対策を学校でどこまでしなければいけないのか分からない。学校の実態によっても対策が異なり、精神的な不安を感じる。(中学校、教諭・助教諭)
- 可能な範囲でどこまで学校で感染症対策を実施したら、子ども達・保護者が安心できるのか不安があります。また、私の立場としては、感染症対応物品の供給・感染症対策が十分にできる環境が徐々に整っていったらよいなと思います。(小学校、養護教諭・養護助教諭)
- マスク、消毒液、非接触型体温計など欲しい物資が手に入らないこと。(小学校、副校長・教頭)
- 学校職員でできる消毒作業など、家庭用洗剤でできると言われても、アルコール消毒液で行うのが一番手早くできるので、それを支給していただきたい…と思いました。(小学校、教諭・助教諭)
- 安心して学校生活が送れるように、予防対策グッズを現物支給してほしい。買いたくても、物が手に入らない日々が続いている。(小学校、養護教諭・養護助教諭)
- 暑い中でのコロナ対策と熱中症対策。どこまで、どのくらいの消毒を行うか。(小学校、副校長・教頭)
- ハイター消毒が大変。アルコール消毒をしたいが、在庫がない。学校に配分して欲しい。(小学校、教諭・助教諭)
- 感染予防のために必要な物資が手に入らない。市や県で入手し、配布してもらえると助かる。(小学校、養護教諭・養護助教諭)
- 学校生活内におけるコロナ感染拡大に伴う衛生管理についてどこまでやればいいのか?(小学校、養護教諭・養護助教諭)
- PCR検査を簡単にはなかなか受けられないこと。(中学校、副校長・教頭)
- 消毒に必要な物品の不足(小学校、養護教諭・養護助教諭)
- 人的支援、消毒薬・ディスポーザル手袋、マスク等感染症予防のために必要な物が入手困難、教室での距離確保が難しい、児童間でのソーシャルディスタンスの難しさ(小学校、養護教諭・養護助教諭)

6 コロナ禍における働き方改革

- リモート授業は準備の手間が3倍以上かかるので、人的支援や、残業の補償が必要だと思う。掃除や消毒は業者を入れるべきではないか。(中学校、教諭・助教諭)

- 働き方改革、少人数学級、人的支援 (小学校、教諭・助教諭)

- コロナ対応でオンライン授業等がとりあげられているが、教師側の過重負担も考えなければならない。(小学校、教諭・助教諭)

- 3月に臨時休業になったが、学校では卒業式に向けた掃除を強いられ、職員作業で廊下をシンナーで拭いて黒ずみをとる作業を数日したり、資料室の掃除、体育館の雑巾がけ、ワックスがけなど、出勤しても掃除ばかりで、学年末の学級事務仕事や校務分掌の仕事は残業でしなければならなかった。転勤も重なっていたため、アパートの荷物の整理をする暇も体力もないくらいに、疲れはてた。家庭訪問も、校区が広く、決められた時間内では終わらず、結局残業時間まではみ出した。疲れはてて転勤し、またもや臨時休業。プリント作成のため、休日出勤するように言われた。3月の臨時休業では出勤をして掃除三昧、4月の臨時休業では在宅勤務が認められた。単身赴任をしていたため3月は両親には負担が大きかった。働き方改革と言うが、学校のパソコンでしかできない仕事もある。データ持ち出し禁止など。働きやすい環境を求める。(小学校、教諭・助教諭)

- 働き方改革と言われているが、現に仕事量が増えているので、人員を増やしてほしい。(担任数を増やすなど) (小学校、教諭・助教諭)

- 消毒作業はとても時間がかかり、その分、勤務時間内にできる仕事は減り、残業は増えた。人の手が足りていない。(小学校、教諭・助教諭)

- 平常時でも超過勤務が避けられない状況にあるが、それに加えてコロナ対応にかなりの労力と時間を費やしている。例えば、自衛隊のように非常に備えた人員配置をお願いしたい。(中学校、副校長・教頭)

- 2回目は(5月)は対処されましたが、3月の対応の中で、緊急事態宣言がでているのに、職員は勤務というのが、対応がおかしい？遅い？と思いました。一般企業は休みたくても休めない理由はわかりますので、せめて、(生徒が休業になって)休みやすくなった公務員は自宅で仕事を

する昔の自宅研修の取り組みをおこなってくれれば、社会全般の動きとして働く人も少しは少なくなるので、感染が減るのではないかと思います。（中学校、教諭・助教諭）

- 教職員の在宅勤務をすすめていただかないと、職場が密で、新しい生活様式とはいいがたい状況であることが不安です。（小学校、教諭・助教諭）
- 教職員が、このコロナ禍、緊急事態宣言の中でも、子どものためや保護者のためにということで職員室で過密状態の中、職員会議や校内研修、学級事務などを行う学校が多かったと聞く。長崎県内における教職員の在宅勤務率は、どれくらいだったのだろうか。在宅で可能な事務作業さえ、職場で取り組む教職員の多さに感染症への危機意識や予防姿勢に疑問を感じていた。児童生徒の健康や安全を守ることと同様に、教職員も自らの健康や安全を守ることに努めていたのだろうか？（小学校、教諭・助教諭）

7 学校運営体制の強化（外部協力・連絡手段・危機管理マニュアル・産官学連携）

- 消毒作業がとても大変。作業員がいると助かる。（小学校、教諭・助教諭）
- 急な休校延長があったりする中、それを電話連絡するのが負担です（連絡網を回す中で内容が変わってしまったこともありました）。一斉連絡メール等を各学校整備できないものでしょうか。（中学校、教諭・助教諭）
- コロナ対策を行うことで、教員の仕事の負担は大きくなったことは明らか。これから学校ですべきことや校務の精選、オンライン学習を含めた教材研究と環境整備が急務であると感じている。そのためにも、地域や大学からの人材は貴重になるし、今後も協力していただきたいと心底願っている。（小学校、教諭・助教諭）
- 離島の学校では、地域の高齢化が進んだ実情の中で、対策をすすめている。地域の実情にあわせた診療所や行政の支援、感染疑い発生時のフローチャート作成や校内対策への助言など、連携体制の構築が有難く感じた。（中学校、副校長・教頭）
- 実際に自校の児童及び職員が感染した場合、どういう対応をするか危機管理マニュアルの中に入れる必要があるが、まだ対応できていない。（小学校、養護教諭・養護助教諭）

- 消毒等を含め、これまでになかった活動が増えているので、ぜひ人的加配をお願いしたい。（小学校、副校長・教頭）
- 消毒作業を行う作業員の配置を希望（中学校、主幹教諭・指導教諭）
- 生徒の安全確保、学習保障や保護者の理解協力、職員の勤務の対応など行うなど様々な事務的処理をおこなう必要がある。人的支援が必要。（中学校、副校長・教頭）
- 人的・物的支援と分散登校などの方策はセットで考える必要がある。（中学校、教諭・助教諭）
- 学習内容の精選とゆとりが必要。教員がすべきこととそうでないことを明確にし、それに伴う人的配慮が必要。（小学校、副校長・教頭）
- 対策の検討、実践に非常に時間がかかり、日常業務に上乗せされるため余裕がない。人的支援が欲しい。（中学校、養護教諭・養護助教諭）
- 地域の方や就労訓練の場、ボランティアの場として、消毒作業をしたりしていただける場ができたりしてもいいのかなとも思いますが、なかなかむずかしいですよね。（小学校、養護教諭・養護助教諭）
- 安心、安全で、子供たちの学びを保障するための環境面の整備と今以上に仕事が増えてこないよう、人的確保（小学校、教諭・助教諭）
- 消毒を担当する方の配置（小学校、講師）
- （オンラインでもいいので）現場の教師と大学の皆さんで議論する場があるといいなあと思っています。（小学校、副校長・教頭）
- 消毒作業などもあって業務が増えている。人的支援があると助かります。（中学校、教諭・助教諭）
- ヒト、モノ、カネと言われるが、どれも欲しい。校長の権限の拡大もあるといい。（小学校、校長）
- 感染者が確認されたときの、校内消毒（小学校、副校長・教頭）
- 人的支援が、従来から必要だったがこれまで以上に必要となっていく。産官学の連携もますます必要であると思う（小学校、教諭・助教諭）
- 毎日の消毒作業に負担があるため、支援があればありがたい。（中学校、教諭・助教諭）
- 人的支援と物的支援が足りない。（小学校、教諭・助教諭）
- 学校に対する支援は、人・もの・金。特に人員の増員については、学

校に勤務するものなら誰しも感じていることである。(小学校、副校長・教頭)

● スクールロイヤーの設置を早急に行う必要があると考えています。教師の負担軽減の動きが必要であると考えています。(小学校、教諭・助教諭)

● コロナ対策を行うことで、教員の仕事の負担は大きくなったことは明らか。これから学校ですべきことや校務の精選、オンライン学習を含めた教材研究と環境整備が急務であると感じている。そのためにも、地域や大学からの人材は貴重になるし、今後も協力していただきたいと心底願っている。(小学校、教諭・助教諭)

● 勤務校で感染者が出た場合の消毒作業などを行う人員の派遣が必要と考えます。(中学校、教諭・助教諭)

● 学校で使えるお金の支援がおりるのはありがたい (小学校、教諭・助教諭)

● 離島の学校では、地域の高齢化が進んだ実情の中で、対策をすすめている。地域の実情にあわせた診療所や行政の支援、感染疑い発生時のフローチャート作成や校内対策への助言など、連携体制の構築が有難く感じた。(中学校、副校長・教頭)

● 消毒作業がとても大変。作業員がいると助かる。(小学校、教諭・助教諭)

● 学校での感染防止対策、対応について、地域の実態に応じた統一マニュアルがあると動きやすい。(小学校、養護教諭・養護助教諭)

● 仕事の多忙化に対する人的、物的支援 (小学校、教諭・助教諭)

● 何よりも人的支援の必要性を感じている。(小学校、校長)

■6-2. コロナ禍で困ったこと・危惧していること

1 ３密回避の難しさ／クラスター発生への不安

● 学校は、三密を避ける環境にない。形式的に席を離したり、前を向いて給食を食べたりなど工夫しても、休み時間など子どもたちは、１m以上離れて活動することは不可能であり、非現実的理想である。本当に意味のある、効果がある取り組みを提示してほしい。(小学校、教諭・助教諭)

● 感染拡大防止策をとりながら、学校行事をどう進めていけばよいのか(小学校、教諭・助教諭)

● 市内でコロナウイルス感染者がかなりの数出ている状況にあっても、

行事実施の方向に変わりはない。多くの子どもや教員等が参加することで感染リスクが高まることへの危機意識が、市教委や市の校長会から全く感じられないのが不安である。(小学校、副校長・教頭)

● このような状況の中、本市では行事を予定通り実施するそうだ。ほとんどの教師・保護者が「反対」であろうことが一部の人の思いのために決行されることに納得できない。(小学校、教諭・助教諭)

● 学校教育の場でクラスターを出さないために行動や生活にとても気を遣った。(小学校、教諭・助教諭)

● 学校行事の計画、感染予防(小学校、教諭・助教諭)

● 合唱コンクールなどの行事の開催について悩んでいる。子どもたちのためになんとか開催したいが、それによりカリキュラムも変わってくるので、早く判断したい気持ちもある。(中学校、教諭・助教諭)

● 他校の取り組みに対し、取り組みが緩い。学校行事等も縮小を考えた方がいいと思うが、例年通り行う予定。島だからというのがあるのか。教育委員会で統一してほしい。(中学校、講師)

● ソーシャルディスタンスは、学校の中では確保できない。人と関わらずに授業を進めていくことは無理だと思う。かといって、オンラインに向けての準備は進んでいない。消毒や検温のチェックなど仕事は増えるばかり。修学旅行などの行事に対する、保護者の説明にも頭を悩ませている。オンライン化の整備も必要だが、人と触れ合う中で子どもたちは成長することを改めて教えられたような気がする。(小学校、教諭・助教諭)

● 学級の在籍児童が41名と交流学級の児童が2名で合計43名が1つの教室にいるため、ソーシャルディスタンスを保つことが難しい。(小学校、教諭・助教諭)

● 感染拡大防止策をとりながら、学校行事をどう進めていけばよいのか(小学校、教諭・助教諭)

● 本校は、オンライン授業を4月中旬から実施することができたため、大幅な授業の遅れはない。しかし、学校行事を縮小して実施せざるを得ない状況の中で、子どもたちに達成感を十分に味わわせる取組や手立てが必要であると感じる。(中学校、副校長・教頭)

● キャンセル料発生に伴う修学旅行実施の有無と代替措置の在り方(中学

校、校長）

- 修学旅行、宿泊学習で、発熱等あった場合の対応（小学校、校長）
- 感染防止策を完全に実施していては、教育活動が成り立たない。対策にあたる人的資源がない。現状は感染リスクよりも子どもの成長を優先して一斉登校・一斉指導をしている。（小学校、教諭・助教諭）
- 教室に子どもが入る以上、３密になってしまう。（小学校、教諭・助教諭）
- 卒業、入学といった子ども達にとって大切な行事が十分にできなかった。（小学校、教諭・助教諭）
- 教室内での密を避けるのにも限界があり、学級を２つに分けるとしても人も場所も足りない（小学校、教諭・助教諭）
- 学校現場において密を避けることは不可能です。マスク着用などについても子どもによって意識の差が大きいので、指導の徹底も難しい状況です。コロナに対する対応はより具体的に現場に即した形で出してほしいと思います。（小学校、教諭・助教諭）
- ３密の具体的な対策が難しい（小学校、教諭・助教諭）
- 部活動は不要。負担ばかり増える。大会などで外へ出るよりも、自宅待機にして感染リスクを避けることが求められる。（中学校、教諭・助教諭）
- ３密の徹底が難しく、クラスターにならないか心配がある（小学校、副校長・教頭）
- クラスの人数が多すぎて、密を避けようにも避けることができない。（小学校、教諭・助教諭）
- 学級内での社会的距離の確保が難しい。（小学校、教諭・助教諭）
- 教室での授業において、児童間の距離を保つことは不可能でした。（小学校、教諭・助教諭）
- 教室での38名の児童の密は避けられない。（小学校、教諭・助教諭）
- １学期の行事や研究授業が９月や10月に集まっています。高校の OS や説明会も同時期に重なるので、行事等の精選は必要ですが、多くの学校が合わせて行うので、改善が難しい。今の学校は、小規模校なので、人手が少なく大変です。研究発表等は中止でいいのではないか、修学旅行などの安全対策はこのままでいいのか、不安や不満は絶えません。（中学校、教諭・助教諭）

- 学校内では、どうしても距離をとることが困難だと感じています。（中学校、養護教諭・養護助教諭）

- 修学旅行がどうなるのか。心配である。（小学校、校長）

- 教室に40名近い生徒がいる中で、密を防ぐのが難しい。調理実習は可能なのか、可能な場合、どのようなことに配慮すればよいのか。（中学校、教諭・助教諭）

- 学校では、ソーシャルディスタンスは特に難しい。一度感染者が出たら、クラスターが起こるのは仕方がないかもしれない。（小学校、教諭・助教諭）

- 市内の小音会は今年度中止であったり、市内でも運動会を中止にしたりする学校があるのに、小体会は開催されること。本大会での交流を通して感染が広がるのではないかという不安がかなり大きい。（小学校、教諭・助教諭）

- 学校内での３密回避は、正直厳しいものがある。四六時中、見ておくことは不可能で、子ども同士密になる場面が数多くある。（小学校、教諭・助教諭）

- 学習活動をはじめとする諸活動の実施と感染症予防の両立は、時間や物理的な制限もあり難しく感じることもある。（小学校、養護教諭・養護助教諭）

- オンライン授業など、学校の新しい生活様式に対応した取組が遅れている。（中学校、副校長・教頭）

- 学級の人数に対して教室が狭く、密集を避けられる状況ではない。（中学校、教諭・助教諭）

- 大規模学校では、感染防止対策が取りづらいことが多い、子供たちは密接、密集し、校内の消毒などとてもできる状態ではない。（中学校、教諭・助教諭）

- 学校現場で三密を避けるということは分かっていても難しい。（小学校、教諭・助教諭）

- 三密を避けるように、と言われても、子ども達は遊びの中で近づくし、実際の授業の個別指導も子どもの側にいかないとできない。（小学校、教諭・助教諭）

- 感染拡大防止のために「３密と大声を避ける」ことが社会的に求められている状況の中で、学校では「音楽の授業等で合唱を行なっている」

ことの矛盾を感じます。プロの合唱団でさえ公演を自粛している状況下において、文科省の衛生管理マニュアルを読む限りでは「感染症対策を行った上で実施することを検討」とされている以上、やらざるをえない現状は、明らかに矛盾していると感じています。（小学校、教諭・助教諭）

● 子どもの感染リスクを高めてまで、登校させるべきなのかどうかは疑問。子ども自身は軽度で済んでも、周囲の人間（家族や親戚）に感染し、重症化することが危険なのではないか。（小学校、教諭・助教諭）

● 夏休みに皮膚科に行った時、感染防止策が徹底されていました。それを学校の中での生活に取り入れることは、とても難しいと感じました。気を付けて指導していても限界があると感じています。目に見えないものなので、手洗いや手指消毒、密にならないようにと声掛けをすることで精一杯です。（小学校、講師）

● 修学旅行の実施について。泊つきか、日帰りか、実施の判断が難しい（小学校、教諭・助教諭）

● 子ども達のディスタンスのとり方（小学校、教諭・助教諭）

● 学校生活で3密は避けられない状況である。そんな中、学級での授業は当然だが、行事や部活についても「気を付けながら」と言われて今まで通り実施している。理想論を言われても何も変わらない学校生活であることに困っている。（中学校、教諭・助教諭）

● 3密を避ける対応が学校では難しいのに、行政からはその対応が十分できているとはいえない。（小学校、教諭・助教諭）

● 学校で、三密を避けるのは、困難ですが、出来る限りの事を行い、指導しています。（小学校、教諭・助教諭）

● 1クラス児童数が40名以上になるときの特別教室の部屋の狭さ（密状態になる）（小学校、教諭・助教諭）

2 学びの場・成長のチャンスの消失
（学校行事の中止、対話・発声・集団づくりを伴う活動と3密回避の両立困難を含む）

● 昨学年末の急な休校措置。意気揚々と入学・進級した後の再びの休校で、生徒たちはとても不安だったようです。加えて学校行事や中体連の中止や縮小、延期など、目標を悉く摘まれ、目に見えてやる気が削がれ

ていくのがわかりました。賢く、かねてから将来を見据えている生徒は、精いっぱい自分のコントロールに努めていますが、思春期真っ只中で、心身不安定な生徒は、確実に去年出来ていたことができなくなるくらい、明らかにクオリティが低下しています。日々の小さな生徒指導が増え、生徒たちはやり遂げて喜ぶというチャンスが減り、特に3年生は大事な1年が狂ってしまっているのが現状です。何とか、卒業までいい思い出も作ることができるようにと、頑張っています。(中3年　担任として)(中学校、教諭・助教諭)

- 子どもたちは密になりがちであるため、細かい配慮や注意が必要だと思います。また、学習のなかでもグループ学習、行事(野外宿泊や修学旅行など)への対応の難しさを感じます。(小学校、講師)

- 新型コロナウイルスの終息が不透明なだけに、今後また休校になるかわからないので、集団生活の中で、教師と子ども同士の学び合いの時間が減るのではないかと心配である。(小学校、副校長・教頭)

- 歌唱の授業がやりづらい。(小学校、教諭・助教諭)

- 感染を防止しつつどのように教育効果を上げるか。(小学校、教諭・助教諭)

- 時間割作成、教室内環境(生徒数に対する教室の規模)(中学校、教諭・助教諭)

- 話し合い活動等を制限されているから、難しいです。(小学校、教諭・助教諭)

- 対話や共同な学習活動などが十分できない状況下で、どのような方法で子どもたちの学びや成長を支援していけばよいのか(小学校、教諭・助教諭)

- 体温計、マスク、消毒液等の消耗品が手に入らないこと。その学年でしか体験できない学習や行事の変更や中止、延期が、今後どのような影響を及ぼすか。(小学校、校長)

- 音楽科の、歌唱の授業の方法について悩んでいます。マスクをして歌う等対策をとらなくてはなりませんが、みんなで歌うから楽しい、ひとつの音楽を作り上げる達成感を味わわせたいと思っています。(中学校、教諭・助教諭)

- 子供同士十分に触れ合うことが出来ないので、子供同士の活動が不活発である。(小学校、教諭・助教諭)

- これまでの学級経営や子供たちの学び合いをできないことが難しかっ

た。（小学校、教諭・助教諭）

- 　比較的大きな声を出すことを伴う行事（合唱コンクールや体育祭の応援など）が実施しづらくなり、教育的に大事な部分（自分の殻を破ること）の鍛錬ができないことが、生徒の貴重な成長の機会を奪ってしまうのではないかという懸念がある。（中学校、教諭・助教諭）

- 　行事での体験活動が満たされておらず、生徒の体験的成長の実感をさせていきたい。（中学校、副校長・教頭）

- 　子供たちの行動、遊び等自由が制限され心の成長に悪影響がないか懸念される。（小学校、教諭・助教諭）

- 　授業等で対面での話し合いやペア学習ができず、他者の考えに触れる機会が減っている。また、接触を減らす必要があるため、レクリエーション等の内容が限られてしまう。（中学校、教諭・助教諭）

- 　入学式や卒業式といった節目の行事ができなくなるのはとても辛いです。そうならないように三密などの対策をしていきたいです。（小学校、教諭・助教諭）

- 　学校行事のほとんどが中止となり、児童の学習や生活に対するモチベーションを向上、維持させていくことが難しい。（小学校、教諭・助教諭）

- 　リアルな学習体験の場がなくなってしまった。このことが、子どもたちの学力や人間力形成に及ぼす影響が気になる。（中学校、教諭・助教諭）

- 　本来の業務＋コロナ関連の対策に追われるので、人的・時間的ゆとりがほしい。学校行事（修学旅行、郊外学習など）が制約されている現状があるので、それらを何とか打開したい。（小学校、教諭・助教諭）

- 　困っていること⇒学力保障・行事の精選・修学旅行等校外学習への不安など。新学習指導要領が目指す、主体的・協働的な学習が仕組みにくい（対話等させにくい）（小学校、教諭・助教諭）

- 　学級の団結力や人との関わりの大切さを学ぶことはできるが、運動会や宿泊体験学習など子供達が思う存分に活動できないことが残念です（小学校、教諭・助教諭）

- 　社会科見学として工場見学をさせてもらう予定だったが、それができなくなってしまった。社会科の現地学習ができなくなったことは、非常に困っている。（小学校、教諭・助教諭）

- 子供達は密になりがちで、距離をとることが難しい。学校行事が制約されて、励みや楽しみ、成長の機会が例年より少なくなることがかわいそう。(小学校、教諭・助教諭)

- それぞれの発達段階に応じた教育活動ができない、行事等を通して成長の姿を見ることができていたことができない。それに代わる有効な教育活動をどう仕組むかが一番の悩みであり、課題である。(中学校、校長)

- 授業や部活の中でグループでの活動が思うようにできない。(中学校、教諭・助教諭)

- 子どもたちは、仲間とのつながりを通じて育つものなのに、つながれない。それは、コミュニケーション能力の低さとなり、子どもたちの発達が阻害されているのではないか。(小学校、教諭・助教諭)

- 学年や学級など大集団のなかで学ぶことが難しく、人間関係の構築や、集団での役割の果たし方などが身に付かないと感じる。社会性の育成も学校教育の大事な責務だと思うので、どのような工夫ができるか検討が必要である。(中学校、教諭・助教諭)

- 普段の授業で行っていたペア学習やグループ学習ができないことが、大変困っています。(中学校、教諭・助教諭)

- 授業の在り方。(接触等をする学習ができない。子どもたちの育ちに影響するのではないか。)(小学校、教諭・助教諭)

- 行事が例年通りできないこと (小学校、講師)

- 児童の感染対策をしながら、教育活動を考えていくのが大変だった。(音楽・体育など)(小学校、教諭・助教諭)

- 音楽専科だが、人数が多いため、座席の間隔もあけられず歌唱も器楽も十分に学習させられない。消毒の作業も時間がかかる。クラスターの心配もある (小学校、教諭・助教諭)

- 学校行事で人を集められない。(小学校、教諭・助教諭)

- 音楽の授業では、歌唱指導が十分できず、技能、意欲ともに低下している。それを補充する時間もない。評価にも影響している。(中学校、教諭・助教諭)

- 音楽科として、活動制限があるため今後が不安。(中学校、教諭・助教諭)

- できるときにできることをさせたいとは思うものの、万が一を考える

と実行するのに、勇気が出ない。（中学校、教諭・助教諭）

- 修学旅行や職場体験、福祉体験等の総合的な学習の時間や学校行事が予定通り実施できないことが大きな課題だと思います。（中学校、教諭・助教諭）
- 子どもたちにとって、一番の楽しみである修学旅行の実施が不透明であることが、心苦しい。（小学校、教諭・助教諭）
- コロナ対策として、話し合いによる授業形式や調べ学習がしにくくなって困っている。大丈夫だとは思うがこちらが過剰に心配してしまう。（中学校、教諭・助教諭）
- 教室の学習場面では、ペア学習や話合い活動等、教え合ったり意見交換するにも学習形態の工夫が必要とされ、慎重にならざるを得ない。また、家庭科の調理実習を実施できないなど、学習内容の変更も発生した。（小学校、副校長・教頭）
- 修学旅行、文化祭などの大きな行事がなくなり、日々の生活の目標がなくなった。（中学校、教諭・助教諭）
- 話し合い活動や協力し合う活動ができず、社会性や集団性を高めることが難しい。変更変更で対応することに時間がかかった。文科省の時数や内容をクリアするのが大変で、少なければ慌てることもない。（小学校、教諭・助教諭）
- 対話的な授業が成立しにくい。（小学校、副校長・教頭）
- ３密を避けるために子ども同士の関わりを制限するので、授業における学び合いが少なくなった（小学校、教諭・助教諭）

３ 授業の遅れ、学習の機会均等、高校受験等への影響の懸念

- 臨時休業日や登校日など、長崎県で統一した日程にしないと、教育課程の習熟に差が生じてしまいます。この点については、改善が必要である。（小学校、教諭・助教諭）
- 突然の対応が最も混乱した。準備期間もなく、数日後に休校では生徒・教師も無力感を感じた。地域にも差があり、柔軟に対応しても良かったのではないかと感じた。高校受験を控え、不安が増した。（中学校、副校長・教頭）

- 本校は少人数の学校であるため、密になる状況はあまりないが、臨時休業等により学習の遅れは心配される。しかし、オンライン学習など各家庭でネット環境が整備されているかどうかの格差があり、その点の解決方法がよく分からないのが今のところ心配されている点である。（中学校、教諭・助教諭）

- 本当にすべて履修させるのか。今後は詰め込み教育を見直す必要がある。（小学校、副校長・教頭）

- 離島の中学生が、本土の高校を受験する際のコロナ対策が心配である。（中学校、教諭・助教諭）

- コロナ禍における教育課程の目的、意義の達成（中学校、校長）

- 授業ができない不安で、授業を過密に組み込みテストを予定通り実施するという柔軟な対応ができない状況が、混乱を招く。結果として子どもにも多忙感を与えているのではないか。同時に履修させなければという不安の均衡（中学校、教諭・助教諭）

- 結局授業日数、授業時間には大きな不足はなかったが、再度流行し休校になるかもしれないとの不安から、前半はかなりハイペースで授業を進めた。特別な配慮が必要な児童、理解に時間のかかる児童にとっては、ついていけなかったり、余裕がなかったりしたのではないかと思う。（小学校、教諭・助教諭）

- 未履修の分を消化するにあたり、当該学年での時数では、困難な面もある。また、コロナで、休校などが相次ぎこどもの学力に不安をいだく。（小学校、講師）

- 授業時数の確保、各教科教育課程の実施（小学校、校長）

- 時数は限られているので、できる限りではだめなのか。ただ、生徒は今しかできないことがあるので、それは先送りできないと思います。優先順位をつけながらするしかできないと思います。（中学校、教諭・助教諭）

- 休校になり学習の進度・内容の消化・学力の定着などで不安が大きい。文科省や県教委は休校にした後、その後の学習過程の消化の仕方について現場に丸投げで、実態にそぐわない指示が多く、無理を言っているように感じる。例えば休校で実施できなかった時間を夏休みの短縮などで補おうとしているが、それでももともとの時間数は確保できない場合が

多い。その際、「この単元は未履修でかまわない」等の具体的で現実的な対応が欲しいが、「2年かけて履修」や「各校で工夫」など、中身は減らさず時間だけが減るということになっている。子どもが理解を深めるにはある程度の時間が必要で、詰めて行えないものも多々ある。時間と内容の数字だけの帳尻合わせを求めないでほしい。(小学校、教諭・助教諭)

- カリキュラムへの柔軟な対応 (小学校、教諭・助教諭)
- オンライン授業ができる環境や設備がまったくなく、今後の学力差が心配である。(中学校、教諭・助教諭)
- 急な休校で、未履修の学習があり、その補充に時間確保に苦労した。(小学校、講師)
- 学習の機会均等をどう図るか? (小学校、教諭・助教諭)
- 授業の遅れを取り戻す事が、気になりました。(小学校、教諭・助教諭)

4 子どもの不安・心身の変化・運動不足等への対応
(特別な支援を要する児童生徒への対応を含む)

- 公立学校の個人格差の問題が、休校期間の家庭での学習の在り方や保護者の関わり方の違いのために、ますます大きくなってしまっています。それに加えて厄介なことに、ゲームやメディア漬けになってしまう子どもが、学校が再開してもそこから抜け出せなくなってきています。これまでは、私たち教師が学校で子どもと関わる中で、少しでも改善するよう支援できてきた子もいました。しかし、今の状況では、家庭での関わりの差を、教師の関わりや学校生活だけでは埋められなくなってきていることを感じます。(小学校、教諭・助教諭)
- 特別支援学級担任としては、一人一人の学習内容が違うため個別の課題を準備したり、いかに社会性を学ばせる課題に取り組ませるかと悩んだりしたことがあった。今後、又休校措置がとられた場合の具体的な対応策が未だに決まっていない。(小学校、教諭・助教諭)
- 教室の授業では3密を避けるのは難しい。いろいろなことが制限されるので、のびのびと活動できず、子供達の精神面、身体面の健康が気になる。新1年生は、やる気を持って入学したが、5月の休校で、この決意や抱負が、トーンダウンしてしまって残念だった。(中学校、教諭・助教諭)

- ゲーム依存の児童の増加（人間関係もオンライン頼み）（小学校、教諭・助教諭）
- 支援を要する生徒が学級の中に多く、通常学級でできることの対応が教員1人では対応に限界があると感じている。（中学校、教諭・助教諭）
- クラスが落ち着いていたのに、休校明けから集中ができなくなった児童が数名いた。（小学校、教諭・助教諭）
- 特別支援学級（情緒）なので、いつまで休みかわからないと不安になるお子さんが多かったです。（小学校、教諭・助教諭）
- 今後、臨時休業等が繰り返される恐れがあるため、オンラインでの授業ができる環境が必要である。特別支援学級の児童への対応をどうするか。（小学校、副校長・教頭）
- 支援学級の児童は、『密』を避けた支援が難しい。（小学校、教諭・助教諭）
- 情緒障害がある児童は、3月、4月と休業が入り、生活のリズムや環境が変わるたびに不安定になり、学校でも、家庭でも、落ち着くまでにとても時間がかかった。新しい生活様式を指導しても、注意しても何秒もたたないうちにマスクを外してしまったり、無意識に口に物を入れたりするなど、特性を変えることは難しく、感染の不安は絶えない。（小学校、教諭・助教諭）
- 対人関係ストレスを抱える児童への対応、体験活動実施のための工夫（小学校、校長）
- 入学後、慣れてきたころに休業となり、登校することが習慣化できない児童がいること。（登校しぶりがはげしい。）（小学校、教諭・助教諭）
- 全校集会や保護者会等、全体への話や指導、周知徹底が難しい。その弊害があり、1年生が生徒指導面で落ち着かない状況がある。校長としても、本来なら生徒や保護者の顔を見て話しをしたいが、放送での講話や学校だよりを通しての話で留まっている。学校行事の変更等についても、紙面では学校の気持ち（真意）がなかなか伝わりにくいと感じている。（中学校、校長）
- 休校などで児童が自宅にいる時間が長く、保護者と離れがたくなったり、親子関係に変化があったりして、学校再開に支障が大きかった。（児童が不安定になった。）（小学校、教諭・助教諭）

- オンライン授業は、支援学級の子どもたちはできない。(小学校、講師)
- 入学後、学校に慣れてきたころに臨時休業があり、その後の再開で、学校生活のリズムを取り戻すのに時間がかかった子がいた。(小学校、教諭・助教諭)
- 特別支援学級の1年生児童です。やっと身に付きつつあった校内での決まり事や学習内容が、臨時休校明けにかなりリセットされていました。物事を確実に身につけさせるためには、ある程度の期間、継続した指導が必要だと思いました。今回の「コロナ」騒動を経験して、私たちが普段予想だにしていないことで、子どもたちの育ちが妨げられることが起こりうることがはっきりしました。(小学校、教諭・助教諭)
- 度重なる臨時休業で、学校生活のリズムをつくることができない子供たちがいること。特に、1年生と、達成感を味わえない6年生への負担が大きいと感じる。(小学校、副校長・教頭)

5 感染症防止に向けた指導の難しさ／教職員・児童生徒の意識の低下
（手洗い・うがい、給食対応など）

- 私のクラスは39人います。でも、教室は一つしかなく、もし仮に教室を空き教室と二つに分けたとしても担任は一人しかおらず指導できません。毎休み時間に換気、うがい・手洗いを呼びかけましたが限界がありました。三密は避けられません。(小学校、教諭・助教諭)
- 授業内容を工夫したり集会をカットしたりしてどんなに「密」を避けようとしても、休み時間等は友達同士近くに寄るのが子ども達である。さらに給食時にはみんなで配膳するため、人の触ったものを口にすることになる。「もし1人でも感染者が出れば、間違いなくクラスターが発生する。」と、職員室で話している。(小学校、教諭・助教諭)
- どの程度の感染対策が必要か、職員間でも意識に温度差があり、ギスギスする。(小学校、教諭・助教諭)
- 新しい生活様式について職員も児童も徹底の困難さを感じることがあった。感染拡大など見通しが持てないことに不安を感じる。(小学校、副校長・教頭)
- 一人ひとりの教員がしっかりとした危機意識をどれだけ持てるかが、

その後の流れ等に大きく影響してくる。学校全体として、危機意識を高めていきたい。（小学校、校長）

● 40人の人数の中で、ソーシャルディスタンスを取ることは、難しかった。また、給食指導では、飛沫拡散を防ぐ指導の徹底が難しいと感じた。（小学校、教諭・助教諭）

● 困ったこと：子どもたちのコロナに対する意識の低下で悩んでいます。1学期終了までの段階ではまだ、島でコロナが出ていませんでした。そのため、子どもたちはコロナを「自分事」としてあまりとらえておらず、また、気温の上昇も相まって、マスクをつけている児童は日に日に少なくなっていました。加えて私自身も、少なからず意識が低下していた一人であり、マスクをしていない児童や、密になっている児童を見かけても、指導が疎かになることが増えていきました。2学期からの改善に努めていきます。（小学校、教諭・助教諭）

● 学校教育の場で、三密を避けるのは難しい。特に、給食時間。（小学校、教諭・助教諭）

● どの程度の感染対策が必要か、職員間でも意識に温度差があり、ギスギスする。（小学校、教諭・助教諭）

● 対応について検討するが、教職員の温度差を感じる時がある。（小学校、養護教諭・養護助教諭）

● 3密を避けようとしても難しい。1学級当たりの児童数を30人以下にした方が良い。コロナに対する認識の差が家庭にあり、感染防止対策が徹底できない。学校に強制力はなく、マスクを準備するが、在庫も少ない。（小学校、教諭・助教諭）

● 消毒や手洗いについて、職員の認識に差があった。（小学校、教諭・助教諭）

● ソーシャルディスタンスを意識した指導を心がけているが、徹底が難しい。教員間でもできていないことが多い。その状態で感染者が出た場合、学校の責任はどうなるのか。心配が尽きない。（小学校、教諭・助教諭）

● 新型コロナウイルス感染症の予防と、熱中症予防の両立が、特に小学校低学年の児童には難しい。自分の体調をうまく表現できない児童も多い。（小学校、養護教諭・養護助教諭）

● 新しい生活様式について職員も児童も徹底の困難さを感じることがあっ

た。感染拡大など見通しが持てないことに不安を感じる。(小学校、副校長・教頭)

- 　三密を避けるように生徒に指示をするが、生徒に危機感がないために指示が徹底しない。徹底させようとすると、生徒を傷つけるような言葉かけになるので、そうならないようにかなり配慮をしなければならない。(中学校、教諭・助教諭)

- 　教員の危機感がない (小学校、主幹教諭・指導教諭)

6 コロナ対応に伴う教職員の多忙化・疲弊

- 　急な休校や分散登校の決定がたびたびあり、食材の中止や献立変更、関係機関への連絡が相次ぎ、その作業で時間を費やした。また、他校を訪問しての指導を躊躇した。(中学校、栄養教諭)

- 　コロナ禍で学校現場は多忙化していると思うが、仕事上不要な作業等を省く・なくすいい機会でもあると思う。これから、学校で本当に必要なものを取捨選択し、教職員の作業の効率化を図る必要があると思う。(小学校、教諭・助教諭)

- 　学校教育に対する予算措置が不十分すぎる。無い袖は振れない状況が多すぎる。現場の善意に甘えている部分が大きく、現場は疲弊している。(中学校、教諭・助教諭)

- 　校内の消毒に時間をとられる (小学校、養護教諭・養護助教諭)

- 　健康診断が延期になり、学校医や外部検査機関との再調整が大変だった。(中学校、養護教諭・養護助教諭)

- 　いつ休校になるか分からない事が困った。休校になるかもしれない不安が大きい。休校明けの業務が多く、負担だった。(小学校、教諭・助教諭)

- 　登校後の検温チェック、放課後の消毒作業、オンライン授業についてのアンケート、臨時休校期間中の児童の見守り等々、学校任せ、現場任せの状態です。現場はコロナ感染に正しく怯えながらも、職員は徐々に疲弊している感が否めません。(小学校、教諭・助教諭)

- 　三密の回避をしながらの効果的な授業の模索。学校の多忙化。(小学校、副校長・教頭)

- 　またいつ休校になるか予測できないこと。毎日の検温チェック (小学校、

教諭・助教諭）

- 計画どおりに進まないことについて、代替措置（例えば、学校行事を どうするか）や新たな対応（例えば、オンライン授業実施の準備）など 課題は山積である。こうした中で、通常どおり進めることが求められる ことは、これまでどおりであり、多忙化をどう抑えていくか難しいと感 じる。（小学校、副校長・教頭）

- 子どもたちと過ごすとどうしても密になってしまう。子どもたちの安 全は守りきれないと思った。また消毒作業等も多く、通常業務と並行す ることが難しかった。不安に感じる保護者も多く対応等も大変だった。（小 学校、教諭・助教諭）

- オンライン環境の整備、仕事量の増加（小学校、教諭・助教諭）

- 毎日の机や椅子、手すりなどの消毒に思わぬ時間をとられた。（小学校、 教諭・助教諭）

- 困ったことは、小学生の子どもを持つ親として、自分が働きながら子 どもを学童へ預けざるを得ない状況にあったことです。保護者の働き方 に柔軟性を持たせて欲しかったと思いました。長崎は「公務員だから休 むなよ」という世間の目が厳しいです。（中学校、教諭・助教諭）

- 感染予防対策を考えたり行ったりすることに頭を悩まされている（小学 校、教諭・助教諭）

- 転勤と重なり、初めての地域、校種のため、環境が変わったことによ る負担に加え、コロナウイルス対応のための事務的なことが増え、精神 的負担が大きかった。また、それにより本来するべき業務や子どもたち に直接かかわる時間を、十分にとることができなくなった。（中学校、養護 教諭・養護助教諭）

- 朝の検温や、授業のオンライン化、放課後の消毒作業など、学校に求 められるものが増える一方で、働き方改革と称し、残業をさせない風潮 は、労働時間の増加以上にストレスの原因となっています。どうしたら いいのでしょう？（小学校、副校長・教頭）

- コロナ対応で、ますます教諭の仕事は多忙になっています。人やお金 は、増えないけれど、やらないといけないことは、日々増えています。（小 学校、教諭・助教諭）

- 　家庭学習の作成、家庭訪問、消毒作業等、更に教職員の仕事は増え、多忙になるばかりです。特に病弱の子がいる学級のため、感染リスクの高まる給食時などは気が抜けません。学校での感染防止対策も自分たちで手探りの状態のため、「学校生活のこんな場面ではこうしたら良い」という専門家のマニュアルや具体的な手本が欲しいと感じます。消毒作業等の人的な支援も欲しいです。また、子どもたちに思うように行事や仲間と触れ合う活動をさせてあげられないことが一番悔しく、そんな中で最大限子どもたちのために何ができるのか日々試行錯誤しています。この現場の声や状況を多くの方に知っていただきたいです。（小学校、講師）
- 　毎日の消毒作業の負担が大きい。（小学校、養護教諭・養護助教諭）
- 　消毒作業や健康観察など、現場の仕事は増える一方です。（中学校、教諭・助教諭）
- 　様々な行事を、工夫して行おうとしたり、授業確保のため、夏休みを短縮したりと、教員は普段以上に多忙になっていると感じる。このつけは、教員よりも、子供に大きく跳ね返って来るのではないかと感じている。（中学校、教諭・助教諭）
- 　ますますの多忙化が予想される。（中学校、副校長・教頭）
- 　消毒作業が職員の勤務時間を圧迫した。（小学校、副校長・教頭）
- 　学校現場は、非常に多忙化している中で、感染症拡大防止対策として消毒作業などを教職員で行うようになり、さらに多忙化した。（小学校、副校長・教頭）
- 　消毒作業の手間。（時間がかかり、業務に支障をきたしている。）（小学校、教諭・助教諭）
- 　検温の確認のための早朝勤務、放課後の消毒作業等、これまで以上に多忙化している。（中学校、教諭・助教諭）
- 　消毒作業などを担任業務と同時に行うことは非常に厳しいものがある。（小学校、教諭・助教諭）
- 　小学生に密を避けるように指導しても教師の目が行き届かないところではなかなか難しいし、手洗い場は限られているため詰め詰めの日課の中でこまめに手洗いするようにさせるのも厳しい。職員での消毒作業はかなりの負担になっており、アルコールも手に入らない。学校でできる

感染症予防には限度がある。〈小学校、養護教諭・養護助教諭〉

● 消毒作業で他の業務が圧迫される〈小学校、教諭・助教諭〉

● 毎日の消毒が苦痛。常日頃から多忙な毎日に、それに加えての子どもが帰ってから消毒するのは苦痛。たとえたかだか20分ぐらいといわれても、それを毎日しないといけない者の身になってほしい。同学年の担任が出張やお休みや早退で放課後いないときは、2クラス分するときもある。毎日放課後疲れた体で、机、椅子、ドア、棚などふいてみてくれ。きつい。〈小学校、教諭・助教諭〉

● 仕事が増えた〈小学校、教諭・助教諭〉

● 休校などの措置をとる中、何が何でも未履修を出さないや過度な消毒作業など現在いる学校職員だけでは到底対応できないと考えます。〈中学校、教諭・助教諭〉

● 校内の消毒など、教育以外の仕事が増えてますます多忙になることが予想されます。〈小学校、教諭・助教諭〉

● 校務が増えたことや学習の遅れがでたことで困りを感じます。〈小学校、教諭・助教諭〉

● リズムが崩れて、例年より忙しく感じる。〈中学校、教諭・助教諭〉

● 夏季休業の短縮で、子どもたちも教職員も心も体もリフレッシュできていない。学校は、ますます多忙になり、教職員は過労で倒れるのでは？と危惧しています。〈小学校、教諭・助教諭〉

● コロナ流行以前より学校の多忙化が話題となっていましたが、仕事量に対する時間と人が圧倒的に足りない中で、さらに仕事量が増加しました。本来仕事内容の中心となるべき教材研究と児童とのふれあいの部分を削らなければ成り立たない危機的状況です。与えられた仕事内容をこなすために、基本設定としての勤務時間では不可能なシステムになっていることに違和感を感じます。〈小学校、教諭・助教諭〉

● 消毒薬の準備や消毒作業に時間がかかって大変だった。検温を忘れてきた児童の体温測定にも朝から時間がかかった。〈小学校、養護教諭・養護助教諭〉

● さらに、仕事が増えました〈小学校、教諭・助教諭〉

● 2学期が多忙になった。〈小学校、教諭・助教諭〉

- 私たち教師にも家族があります。我が子は「ほったらかし」でした。(中学校、教諭・助教諭)

- マンパワー不足を特に感じる。コロナの緊急対応に加え、毎日の消毒や予防に向けた指導など、毎日やるべき業務も確実に増えた。時間内に業務を終えることが困難な日が多い。(中学校、副校長・教頭)

- 生徒の安全については当然であるが、教職員への安全に対する配慮が同時進行ではないこと。一般企業より配慮が足りていない。教室の消毒作業を該当学年で行っているが、人が足りていないときは勤務時間を過ぎることがある。(中学校、教諭・助教諭)

- 教室等の消毒作業等で勤務時間が過ぎることがあった(中学校、教諭・助教諭)

- 毎日の消毒活動に時間がかかる。帰りだけでなく、様々な場面で消毒するため、時間の確保が必要である。(中学校、教諭・助教諭)

7 状況に応じた対応判断・意思決定・合意形成の必要性・難しさ・負担
(市町間・学校間での対応の相違、教育活動に係る教職員間や学校－家庭間の考え方の相違、見通しのなさへの不安を含む)

- 先が見えず具体的に何が必要なのか精査できていないこと(中学校、教諭・助教諭)

- 部活動などの練習試合はどうするか。規程上はできるが、校長がリスクがあるからやめるべきと話をしてきた。保護者はしたい思いがつよい。正解がないので難しい。(小学校、教諭・助教諭)

- 各地域で取り組みに違いがあり、他校の話を聞くと、子どもも大人も気持ち的に動揺したり、モチベーションの低下につながったりする。動揺を抑えるために、一律に行動した方が良いと思います。(小学校、教諭・助教諭)

- 児童が感染したり、家族が感染したりして学校が長期間、臨時休校になった場合、いかに児童の学力保障をしていくか。(学習課題を作成していくためには、かなりの時間と労力が必要となる。また、オンライン授業を行うだけの環境が現時点では、まだ十分に整っていない。)(小学校、副校長・教頭)

- 状況が次々と変化し、各学校で状況が異なり、対応が難しい（小学校、副校長・教頭）

- 判断し決定することや方向性を示すことに難しさを感じている。最終的には「学校判断」になることが多いので、子供や保護者、先生方が安心できるよう、管理職としての在り方が問われている。実に鍛えられている思いだ。（小学校、副校長・教頭）

- 正解がなく、コロナウィルスの状況に振り回されている感じがする。判断が大変難しい。（小学校、副校長・教頭）

- 学力の保障を確実に行っていかなければならないが、今後、再度、臨時休業があった場合、想定外の対応をとっていくことになると思うのでその点が心配である。（小学校、副校長・教頭）

- 感染状況が日ごとに変わり、対応もケースによって変わってくるので難しい。（中学校、副校長・教頭）

- このコロナ禍で先の見通しが立たないのはどこも同じ状況だが、保護者同士は近隣小学校の対応の違いをよく把握している。市レベルではもちろんだが、休業措置に関することなど、より大きなくくりで統一がなされると学校内外での支障が少なくなると思う。（小学校、教諭・助教諭）

- 学校行事の開催が可能か 学校の判断が遅いので、早目に結論をだしてほしい。管理職の決断が、いつまでもでないと職員は動きにくい。（中学校、教諭・助教諭）

- 学校の行事等の実施の有無を問われる時の条件の洗い出し、事由に困惑した。（小学校、副校長・教頭）

- 学校がいつ休校となるかが予測できず、授業をどこまで進めればよいかを計画しなければならないと考えています。（小学校、教諭・助教諭）

- 延期して2学期に実施予定の学校行事（特に、運動会、修学旅行、宿泊体験学習）を実施する際の条件や配慮事項などの判断が難しい。（小学校、校長）

- 行事など計画が立てられず、見通しがたたない。本校の児童ではなく、保護者や近親者で感染者が出た場合の対応など、何のマニュアルなどもないので不安。（小学校、教諭・助教諭）

- 学校行事等の実施有無の決断のスピード・時期（中学校、教諭・助教諭）

- 今後の状況によっては、授業時数確保のために、7時間授業などが実施されることになった場合、子どもたちの体力的・精神的負担が増すことが心配。（小学校、教諭・助教諭）
- 新型コロナウイルス感染防止のために自主休校する児童への学習支援をどこまで行うべきか。他県から転入して来た児童の学習が進んでおらず、その補充が必要。（小学校、教諭・助教諭）
- 行事の変更が多く、困る。新たな計画をするのに時間と労力がかかる。（中学校、教諭・助教諭）
- 休校などの基準が分かりにくい。見通しが立たないことで多くの計画を立て直す必要が出てきている。（中学校、教諭・助教諭）
- コロナの流行の状況に応じて、行事の進め方を何度も修正することが大変だった。今後もそうなるのではないかという不安がある。（小学校、教諭・助教諭）
- 現場の教師は、子供たちのことを第一に考え、今できることを精一杯に行っています。予定変更に振り回され、通常の業務だけでは成り立ちませんが、それでも目の前の子供たちに力がつけられるよう奮闘しています（小学校、教諭・助教諭）
- 修学旅行の見通しがたたない。（中学校、講師）
- 学校の方針が定まらない（中学校、教諭・助教諭）
- コロナ対策として、何をどうすればいいのかまだ不明瞭で、学校ごとに違うことも多い。物的資源が提供があろうが、目的がはっきりしてないと保護者や子供にどう説明していいかわからない。（小学校、教諭・助教諭）
- コロナで足踏み状態で色々な予定が変更になることに戸惑いました。（小学校、教諭・助教諭）
- 水泳指導など準備をしていて（保護者なども）急に中止になることが多かったので仕方がないもののどうしようもなかった（小学校、教諭・助教諭）
- 近隣の自治体で休校などの対応が異なることで不安があった（中学校、教諭・助教諭）
- 行事や学習への取組に関する変更が多く、不安。（小学校、教諭・助教諭）
- 先を見通せないままの計画。計画通りに進まない状況のなかでの学級

経営や学年経営、部活動。子供たちが学校の流れに乗れないまま、することが次から次に舞い込み、短い期間のなかで、授業、行事を組み込んでいかないといけない状況に負担を感じる。（中学校、教諭・助教諭）

● 本校では課題とはならないが、学校行事等を実施する場合、新型コロナウイルス感染症対応について学校間の取組の差が保護者の不信感を生じかねないのではないか。また、感染者や濃厚接触者への差別やいじめなどが起こりかねない状況を危惧している。（小学校、校長）

● 管理職の対応が遅くて、職員が振り回される。管理職が全くリーダーシップをとらない。この非常時に、学力テストの点数ばかり気にしている。（小学校、教諭・助教諭）

8 臨時休業要請をめぐる対応の難しさ・負担
（学びの保障、保護者不在時の対応、教職員の働き方、学級経営への影響懸念を含む）

● 見通しが立たないことによる漠然とした不安。行事などの実施の決定をいちいち協議しなければならない。（中学校、教諭・助教諭）

● 入学後、間もない時期の臨時休校で、課題の作成に苦労した。学校再開後、転んで怪我をする子どもが多く、運動不足だと感じた。マスクを口に入れる子どもがいたり、落としたものを付ける子どもがいて不衛生で、常に着用を指導するのが苦になる。（小学校、教諭　再任用）

● 在宅勤務がほぼ取れず、我が子はほったらかしになってしまっていました。（小学校、教諭・助教諭）

● 保護者の携帯電話しかないところは、保護者が仕事の場合、日中に生徒本人と連絡がとりづらい（中学校、教諭・助教諭）

● 臨時休業措置のみが先に決定され、具体的な学級経営については、その時点では示されず、後から少しずつ、小出しで方針が出されたので、現場はかなりの困難が生じた。大きな決定を下す場合は、それにより影響を受けることを想定し、あらゆる角度から対応策を検討していただきたい。（小学校、副校長・教頭）

● 臨時休業中の在宅勤務が強制だと聞いていたが、ほとんどの先生方が出勤されており、どうすればよかったのか分からなかった。（中学校、教諭・助教諭）

- 入学直後の休校で、学級がなかなか落ち着かないまま、夏休みに入ったので、二学期が心配（中学校、教諭・助教諭）
- 緊急事態宣言が急に発出され、「児童への臨時休業になった経過の説明」、「臨時休業中の家庭学習の課題作成」が困難だった。（小学校、副校長・教頭）
- 初任であったこともあり、保護者のかたと連絡をとったり直接お話をしたりすることができず、学級経営や保護者対応が困難である。（小学校、教諭・助教諭）
- 突然休校と言われ、課題作成などが大変だった。（小学校、教諭・助教諭）
- 自宅待機した子どもが、1人でいることへの不安。（中学校、講師）
- コロナ禍で困ったことは、自分の子どもを預けている保育園も登園自粛になっているのに、自分自身が所属する学校では、とり急ぎ課題を作成し、生徒に配らなければならいという時に、なかなか仕事が進まずにとても困りました。（中学校、教諭・助教諭）
- 急な休校は給食調整が困難。キャンセルは業者へ迷惑かけるので、補償が必要。食材を廃棄する場合もでるので、処分料が必要（中学校、栄養教諭）
- 今後、児童や職員にコロナウイルス感染の陽性者が出たときに、出席停止や学級閉鎖、臨時休校等の対応をしていくことになるかと思うのですが、そうした期間が長期になったときに学習をどのような形で進めていけばよいのか、個別に対応していくことができるのか、等不安を感じます。（小学校、教諭・助教諭）
- 休業中に生活リズムが崩れてしまった児童、登校がうまくできなくなっており、どう支援していけばいいのか悩んでいる。（小学校、教諭・助教諭）
- 急な臨時休業にも戸惑ったし、学校環境面で消毒をするにも薬剤不足になって困った。（中学校、養護教諭・養護助教諭）
- 4月5月に新しい学級になじむことや、学校生活のリズムになじむことが必要だが、それが後回しになって集団作りがしっかりとできなかった（中学校、教諭・助教諭）。
- 休校になった時、学校で児童を受け入れました。児童への対応には、密にならない場所の配慮や消毒など、大変気をつけました。（小学校、教諭・助教諭）

9 児童生徒・教職員・自身の感染時の対応や人手不足への不安
（島特有の不安を含む）

● もしも自分が感染したら、教師として続けていけなくなるのではないかという不安がある。（中学校、教諭・助教諭）

● 小さな島という閉鎖的な空間での感染症流行は、想像以上に怖いと感じた（高齢者の割合が高い、感染者の情報があっという間に島中に広がる、医療体制の少なさなど）。自分自身が感染しないように、また子どもたちを差別や偏見下に置かないようにと、非常に気をつかっている。船で島から出るには、福岡県、佐賀県を通らなければならないため、不安が大きい。（小学校、教諭・助教諭）

● 小規模校なので、職員がり患した場合の、児童への対応が重い。職員の代替えがないと、職員のり患が拡大した場合、授業等対応できない心配がある。（小学校、副校長・教頭）

● まだ感染した教師や児童はいないが、出た時の対応が決まっておらず、その時その時の対応に不安を感じる。（小学校、教諭・助教諭）

● 教員が多数感染し出席停止となった場合の代教用員の確保（小学校、副校長・教頭）

● 少し体調不良になったら、自分がコロナになっているのでは、と精神的に不安になります。学校で、対策を講じても、教育活動を行っている限り、完全にコロナ対策を実行するのは、無理です。矛盾を感じながらの日々です。（小学校、教諭・助教諭）

● 児童と職員の安全確保。授業数確保。（小学校、副校長・教頭）

● 教員が足りないうえに、コロナ対策、また働き方改革を推進していかなければならないなか、仕事が増え多くの教員が疲弊している（中学校、主幹教諭・指導教諭）

● 教職員の健康について、確保されていないと感じることが多い。教職員は犠牲になるのではないかと懸念している。（小学校、教諭・助教諭）

● コロナにかかるかも知れないと思うと何もできない。かからないだろうと思うと、学習はできるが、いざ問題が起きるとその時に姿勢が問われる。難しくて迷いながら毎日を過ごしている。（小学校、教諭・助教諭）

● いつ感染するかわからない不安（小学校、教諭・助教諭）

- 感染症対策が加わったことが教員の負担になっている。また、どんなに対策を講じても完全ではないので、いつ学校で感染者が出るかも不安である。（小学校、校長）
- 公的な人間なのでしょうがない部分はありますが、感染した場合にメディアにのったり、そのことで周りから叩かれているようすがあるので、不安です。風邪の症状と一緒で、ここまで感染が広がれば、どこで自分が感染するかわからない。その場合、生徒の活動等に迷惑をかけてしまうので、仕事をしに学校にくるのが不安です。（中学校、教諭・助教諭）
- 離島独自の課題がある。検査が直ぐにできない、修学旅行中に発熱して帰島したくても船に乗れない、など。これらの対応は各学校の判断となっているが、同じ町内でも対応にブレがある。また、病院や船会社への連絡や確認などに、膨大な時間を費やしている。町または県の教育委員会が、病院や船会社と連絡をとり、ある程度の指針を示してほしい。（小学校、教諭・助教諭）
- 学級経営や部活動などは本当に怖くてたまらない。（中学校、教諭・助教諭）
- 学校開校中は、自分が感染し周りにうつさないか心配。また、逆の場合もある。（小学校、副校長・教頭）
- 感染した時の世間のバッシングの風潮の方が感染することより恐ろしさを感じた（中学校、教諭・助教諭）
- コロナ禍に関して、職員も休みを取ることが必要になっていく中で、学校運営がスムーズにできるか心配な面はある。（小学校、副校長・教頭）
- 気をつけてはいるが、もしコロナに感染したら、またコロナではなくても自分または家族が発熱すると出勤できなくなり、職場や児童達に迷惑がかかるという不安が常にある。（小学校、教諭・助教諭）
- コロナに自分が感染したらどうしよう、と日々不安に感じている。（小学校、教諭・助教諭）
- 職員もしくは家族が感染あるいは濃厚接触者になった場合の授業の維持（小学校、校長）
- コロナウイルスに対する生徒・保護者・職員の不安感の解消は難しい。人権への配慮も必要である。（中学校、副校長・教頭）

🔟 マスク装着のつらさ・困難さ、熱中症への懸念

● 子どもたちの意識が低かったり、幼かったりするために、距離をとったりマスクや手洗いを徹底するのが難しく、不安が大きい。（小学校、教諭・助教諭）

● 教師も生徒も常時マスク等をしている姿が、当たり前になるのか？学習活動をするうえで、やはり支障を感じる。（中学校、校長）

● マスク着用を嫌がる生徒へどのように声掛けをするか悩むことがある。また、熱中症とコロナ対策の在り方も課題だと思う。（中学校、教諭・助教諭）

● 夏の暑い時期に行われる学校給食での、職員の熱中症対策。調理場内は37℃を超えます。（中学校、栄養教諭）

● 1学期は行事や集会等もほとんどカットされ、学習ばかりの毎日でうんざりだった。これまでの学習形態を大きく変えなければならない教科も多く、疲労は蓄積するばかりである。また、暑くなるにつれ、マスク着用が苦しくなり、外したがる子ども（泣き出す子ども）もいた。私たち教師も、マスク着用での授業はとてもしづらい。（小学校、教諭・助教諭）

● マスクを常につけることへのストレスを子供が感じていること。（小学校、教諭・助教諭）

● マスクを持ってこない、つけてこさせない家庭が増えてきた。中休み後、昼休み後、暑さのせいかマスクを外す児童が多い。（小学校、教諭・助教諭）

● 1学期が延長になり、初めて8月7日まで授業になった。エアコンは使用できたが、窓を開けているため、30人以上児童がいる教室内の温度は30度を常に超えていた。暑さとの戦いだった。（小学校、教諭・助教諭）

● マスクの顔の接触を嫌がる子が数名おり、特定の子しかいつもしておらず、何回も注意をしなくてはいけないときにフェイスシールドがあればいいなと思った。（小学校、教諭・助教諭）

● マスク着用を嫌がる生徒へどのように声掛けをするか悩むことがある。また、熱中症とコロナ対策の在り方も課題だと思う。（中学校、教諭・助教諭）

● 「熱中症」と「コロナ感染症」の発生の不安。猛暑が続く中、夏休み明けの生活リズムの変化に伴い、熱中症の重症者発生や感染症拡大が心配。（小学校、養護教諭・養護助教諭）

- マスクをはめての外掃除は、暑い陽射しで倒れそうになる。自分自身、熱中症のように何度もなり、帰宅してからの子育てどころではなかった。マスク着用による体調不良が、児童にも帰宅したあとに疲れとして出ているため、家庭学習ができない児童もいる。外での体育を実施するには、今後、温暖化環境に合わせた配慮が必要ではないか。（小学校、教諭・助教諭）
- マスクの着用を熱中症予防の観点からどこまで緩和して良いのかについて悩みました。（小学校、教諭・助教諭）
- マスクで過ごすことがきつい（小学校、教諭・助教諭）
- 常にマスクを着用しなければならないことが、子どもも教師も苦痛である。また、マスク着用で、子どもの表情が見えず、教師の表情を見せることができないことが、学級経営において非常にマイナスに働いていると考える。（小学校、教諭・助教諭）
- マスクで教師の顔が子どもたちに見えないのが困ると感じる。教師は子どもの精神的安定のためにも、フェイスカバー等で表情を伝えられるようにしてくれるとよいと思う。（小学校、講師）
- 夏の時期のマスク着用による熱中症の懸念（小学校、教諭・助教諭）

11 噂・憶測・偏見・過度な批判等の広がり
（正しい情報の収集の必要性を含む）

- 噂や憶測での情報が信憑性を持って広まりやすいと感じた。（中学校、教諭・助教諭）
- プライバシーに配慮することと、必要な情報を得ることの両立。（小学校、教諭・助教諭）
- 学校現場は3密を避けられない現状を強いられているにも関わらず、無症状の感染者（児童等）から教員に感染して発症した場合、教員が感染源として不当な扱いや誹謗中傷を受けるのではないか、と非常に懸念している。（小学校、教諭・助教諭）
- 感染した場合の風評被害中傷（小学校、教諭・助教諭）
- 学校内で感染者が出た場合、その生徒の人権を守らなければならないし、感染拡大防止も併せて行わなければならない。また、その家族や更に家族の勤務する職場と、対応の幅広さと難しさを感じる。感染者への

誹謗中傷が問題になっているが、生徒たちの間でそのようなことが起こらないように、指導に配慮していくことが必要ではないかと思う。（中学校、教諭・助教諭）

● コロナにかかってしまった時の差別への対応・配慮（小学校、教諭・助教諭）

● コロナをどの程度恐れ、学校の活動や行事をどの程度できるのかを判断するのが大変難しい。（小学校、教諭・助教諭）

● 三密をどれだけ避けることができるか。教室で距離をとることは難しい。感染者が出た時や、疑いがある時の差別や偏見への対応（中学校、養護教諭・養護助教諭）

● 行事や部活動で感染者が出た場合、学校名や部活動名など、教員が特定される報道になる。感染後、働きづらくなり失職に追い込まれる不安がある。（中学校、教諭・助教諭）

● 今後、万一校内児童及び職員に感染者が出た場合の差別、偏見、人権侵害に関わる事態を防止する策が必要だと考える。保護者も含めて誰一人傷つく人を出してはならない。（小学校、教諭・助教諭）

● 学校でコロナのクラスターが発生しているが、クラスター発生の原因として何が考えられるのかが公表されていない。来週から本格的に学校がスタートするが、今後、自分たちの学校をはじめ全国のたくさんの学校でクラスターが起こるのではないかととても心配である。学校でクラスターになった場合、家族に広がり、さらにその方たちの会社に広まる可能性があり、今以上にコロナが拡大する恐れがあるのではないか。また、クラスターが発生した学校は、社会から猛批判を受け、学校再開後も通常の運営が行えない不安もある。（中学校、教諭・助教諭）

● 仮に、自校生徒または他校生徒に感染した生徒が出た場合、その生徒情報としてSNS上に生徒氏名、学校名、部活動名、住所等を掲載された場合の生徒及び保護者への対応について悩んでいます。（教育現場での正しいSNSの使い方と情報処理の指導）（中学校、教諭・助教諭）

● 日本の学校は、学校行事や部活動、友達とのかかわり、など教科書以外で学ぶことがとても多いと思います。コロナ禍で経験できなかったことによる子どもの成長不足やストレスや不安感など、これまでの想定を超えたことが必ず出てくると思います。「ゆとり世代」という言葉があり

ましたが、「コロナ世代」という言葉で言い尽くせない事態が発生すると おもいます。早くインフルエンザと同程度になってほしいです。(中学校、 教諭・助教諭)

12 保護者・地域住民等への対応・支援、連携協働活動の実施の難しさ

● マスコミの情報に振り回される保護者が少なからず存在する。正しい 情報のもと、正しく恐れることは、言うのは簡単だが実際は困難であ る。(小学校、校長)

● これまで実施してきた地域協働の教育活動の在り方について(小学校、 校長)

● コロナ禍で生徒の生活リズムが乱れ、ネットやゲーム依存になった生 徒が増えたと感じる。また、運動不足も加え、生徒自身の不安やイライ ラが家庭内で増えたと聞く。それが、保護者の不安にもつながっている と感じる。保護者支援が必要だと感じる家庭が増えてる。(中学校、教諭・ 助教諭)

● 子どもの活動機会をいかに計画していくか、保護者へどう伝えるか(中 学校、校長)

● 夏休みなどでも感じていることだったが、長い休業が入ると、家庭教 育の温度差が子どもに大きく影響が出る。家庭教育の在り方もなんとか できないものか、と感じる日々。(小学校、教諭・助教諭)

● コロナが市内で発生している状況で、地域との関わりのある行事(運 動会)などをすべきかどうかの判断に困りました。(小学校、教諭・助教諭)

● 宿泊を伴う行事への対応及び保護者への説明責任を果たしていく所存 である。(小学校、校長)

● これまで取り組んできた地域との連携の様々な活動が、今年度はすべ て実施できていない。仕方ないことだが、子供達と地域のお年寄りとの 関わりがなくなり残念である。(小学校、副校長・教頭)

● 子どもの居場所として学校で預かる児童もおり、小規模校でありなが ら学校を頼りにしている保護者が多かった。大規模校では保護者との連 絡や人数把握、教員の工夫等で負担になったのではないかと、心配であ る。(小学校、養護教諭・養護助教諭)

- コロナ禍でもできることをずっと模索しているが、子どもの命を守るという視点で考えると、学校行事等、すべての「こと」が縮小化・短縮化・中止となり、保護者や地域の方々とのつながりが希薄化してきた。（小学校、校長）
- 学校の対応を示す国のガイドラインに基づき対応しているが、保護者の中には不安を払拭できない方もいるので理解を求め、行事等を実施することが難しい。（小学校、校長）
- 学校休業日に、子供をどこへも預けられない家庭への対応支援が必要。（小学校、教諭・助教諭）
- 修学旅行や野外宿泊活動等宿泊を伴う行事に対する保護者の意見に温度差が大きく、対応に苦慮している。行政から一定の指針が出せないかと思う。（中学校、校長）
- 登校渋りを見せる子供に対し、保護者の対応が毅然としておらず、対応を学校任せにする状況も見られる。登校させるまでは、保護者の責任ときちんと保護者に認識をしていただきたい。「個別の対応に職員が時間を取られる＝それ以外の頑張って登校していること接する時間が奪われる」という単純なことが理解できず、自分の子供にだけ、特別な対応を要求する保護者が多すぎる。（中学校、養護教諭・養護助教諭）
- 医療従事者の家庭では、修学旅行など家族が県外に移動をした場合は仕事を３日～２週間従事できないとの職場もあり、生活面で経済的な理由で修学旅行に参加できない生徒もいる。行事に伴う卒業アルバムなど、写真に写らない生徒がいることから今後の対応を考えている。（中学校、教諭・助教諭）
- 授業参観や地域懇談会など密を避けられない学校行事等はほぼ中止となり、PTAや地域との連携が難しい状態となった。（小学校、副校長・教頭）
- 学校関係者に濃厚接触者が出たときに、それが誰なのかを他の保護者や地域の方が詮索しようとする電話が鳴りやまなかった。守秘義務があると告げると、激高される方が多かった。（中学校、副校長・教頭）
- 基本的な生活習慣を維持させることに対する保護者支援が必要な家庭に対する支援をどうするか。（小学校、講師）
- 学校行事の簡略化が進み、簡略化してもねらいは達成できることがわ

かった。しかし簡略化を地域は残念に思っている。バランスをとることには気をつかう。特にコロナが収束後の形を決めるときはいっそうそうなるだろう。（小学校、校長）

● コロナ禍だけでなく大雨や台風による臨時休業が多く、授業時数の確保や学校行事をどうするか日々考えている。また、育友会の活動がほとんどできていない。（中学校、副校長・教頭）

● 児童にも保護者にも不安があるのはわかっていてるが、五ヶ月過ぎても、家庭訪問、懇談や面談など、規制、限定があり、十分にできず。それが、お互いの意思疎通や連携不足となり、いろんな面での課題や悩みがたまっていると思う。担任としてもストレスが増している。（小学校、教諭・助教諭）

🔢 家庭間の経済格差・環境の違いによる教育活動実施への影響・懸念

● オンライン学習に対する環境が、学校側も家庭側も整っていないので、臨時休校等で全く登校できなくなったときの不安が大きい。県内でも学習環境の格差があり、取り残されていくのではと思ってしまう。（小学校、教諭・助教諭）

● ICT を活用したオンラインによる学習支援は必要だと考えているが、ネット環境が整っていないご家庭の負担を考えるとなかなか前進が難しい。ご家庭の経済的な負担がかなり大きいと感じている。また、ネット依存の子どもが増えていくのではないかと強く危惧している。休校期間中の子どもたちのネット環境を使ったゲーム依存は計り知れない。（小学校、教諭・助教諭）

● 休業中、ネット環境にない家庭があることからオンラインは困難であり、紙媒体の課題でした。しかし、個への対応や回収後の処理が大変でした。また、やっていない子への対応を十分する余裕はありませんでした。（小学校、教諭・助教諭）

● オンライン学習に関して、地域の実態から全ての家庭に Wifi 設備等あるわけではないため、進もうにも進めず…と感じることがあった。（中学校、講師）

● オンライン授業について、学校に機器がないこと、また、家庭のオン

ライン対応が100％でないことから、オンライン授業そのものを学校から禁止された。僻地なので、４G回線でさえ、ままならない。もちろん教諭個人のデバイスも、オンライン授業では使用禁止。家庭で工夫して、塾などを活用していた家庭はあった。（中学校、教諭・助教諭）

● 今後、本県下でさらに感染が広がっていき、臨時休業が長期化した場合、オンライン授業の実施となると学校間・家庭間での対応の格差が子どもの学力への格差につながっていかないような対応策が必要になってくると思います。各学校に任せるのではなく、県下一斉の対応策を講じてほしいと思います。（小学校、教諭・助教諭）

● 市全体がネット環境が整っていないことで、他の地域との学力差、情報格差が元々あるのに、ますます広がるのだと思うと子どもたちが不憫である。（小学校、教諭・助教諭）

14 コロナ禍での教育活動実施のための条件整備の不足
（オンライン環境、感染防止物品、学校予算の不足・裁量権の小ささ）

● 学習保障にはオンラインは不可欠だと考えるが、環境整備には学校単位での対応は困難さがあり、GIGA スクール構想等の大規模な対応が急務だと考える。（小学校、校長）

● 消毒液や液体石けんなど必要な消耗品の確保や予防対策の実施について、これからの学校行事を実施するにあたってのマニュアル作成など大変不安です。（小学校、養護教諭・養護助教諭）

● 学習の保障に関しては、十分な人員の確保とワークシート類購入への資金増を望む。（小学校、副校長・教頭）

● フェイスシールド購入が可能であるが、個人所有のためには毎日の消毒・保管などにおける衛生面での管理が必要となる。そうした場合、限られたスペースで衛生的な保管が可能か疑問に思う。（小学校、副校長・教頭）

● 必要な物資が届かない（マスク、消毒液、非接触型体温計、フェイスシールドなど）（小学校、校長）

● 業者にも手指消毒液の在庫がないため、確保することが難しかった。（中学校、養護教諭・養護助教諭）

● 消毒液不足、国の補助金が８月頃来たが、縛りが多く使うのが難しい。

教室が狭く距離が取れない。職員が消毒をするのも限界がある（小学校、事務職員）

● オンライン授業を行うにしても、機器等の不足を強く感じる。また、学校再開に関して、3密を防ぐことに対して出来ること、できないことの差が大きい。（小学校、教諭・助教諭）

● 学習の遅れを生じさせないための一人一台のタブレット機器の配当など、「GIGA スクール構想」が早く学校現場で生かされるようになることが望まれる。（小学校、副校長・教頭）

● 本校においては・・・このコロナ禍における休校で、生徒には各教科から課題プリントを配布することで対応したが、その印刷総数はトータル（学校全体）で見たときに莫大な量となった。その結果、年間の印刷費の予算が底をつきはじめ、1学期末からの印刷に制限がかかった。その制限は2学期も続く予定である。（中学校、教諭・助教諭）

● アルコール消毒液など必要なものがない中で、消毒作業を求められて困った。差別的な言動、行動がなくなるように、指導をしていく必要があると思った。（小学校、養護教諭・養護助教諭）

● ズームでの授業に全面的に移行した場合の不安（小学校、教諭・助教諭）

● オンライン環境整備の見通しや具体的な内容（学習ソフト、ビデオ会議等）がもてないこと。校内でコロナ発生後の臨時休校時の学習保障体制が整備されていないこと。WITH コロナでの新学習指導要領（アクティブラーニング）をどう実現していくか。（小学校、教諭・助教諭）

● オンライン授業ができるようになれば終わりではない。タブレットを渡してもネットにつなぐ環境が整っていない。そこまで整えないと意味がない。オンラインだけで授業しても子どもたちの学力は定着しない。小学校は教室にいても授業に集中できない、話を聞くことができない子どもがいる。特に低学年は。その子どもたちの興味を引き付けて授業は行われていく。オンラインでそれはできない。大学や高校ならば、大丈夫な部分もあるだろうが、それですべてではない。学校教育についてオンラインにすれば、すべて大丈夫になると思っている人たちがいるが、全然学校教育がわかっていないと思う。（小学校、教諭・助教諭）

15 行政対応の遅さ・不統一・現場の実態からの乖離

● 各市での対応にばらつきがあるので、県内で可能な限り揃えていく。(中学校、教諭・助教諭)

● 自治体によって、学校行事や部活動への対応が違いすぎる。現勤校がある地区では修学旅行や部活動の遠征など、他地区への移動を伴うものを学校判断で行わせるという状況だが、感染した場合の責任の所在がどこにあるのかはっきりしないのに学校判断で行わせるのは無理があると思う。(中学校、教諭・助教諭)

● 状況が変わる度に、変更の文書を作成、印刷、配布を通常業務とは別に行わなければならない。特に対外的なやり取りが必要な行事などは、連絡、調整が大変である。また、消毒作業等ももともと小規模校で人手がない中新たに行うべき仕事となっているので、多忙感を感じてしまう。本来業務以外の懸案が多すぎると感じてしまう。(小学校、副校長・教頭)

● コロナ対策と学力保障のために物品の購入希望調査やオンライン授業対応のための研修が行われようとしているが、遅い。(小学校、教諭・助教諭)

● 学力保障は必要だが、全てのカリキュラム履修を達成できない場合等、臨時的な対応への明確な指針が必要。(小学校、副校長・教頭)

● 本校で感染児童が出た場合、対応がどうなるのか、考えるときりがない。(小学校、校長)

● 現場まかせではなく、指針と対策をしっかり示してほしい。市の体育行事(バスケットボールの試合)を実行するということだが、かなり密になるのに、してもいいのか疑問。(小学校、教諭・助教諭)

● 市で統一した方針が出るのが遅かったように感じた。(小学校、教諭・助教諭)

● 現場の学校では(オンライン授業を)「やってもいい」は、結局「やりにくい」と思います。文科省や県教育委員会が「やった方がいい」「やるべき」と方向性を示し、そのための実践例や案があったら、少しずつでも実践が増えてくると考えます。(小学校、教諭・助教諭)

● 学校の対応が同じ市内でもそれぞれ違うのがよくないと思います。市内は統一すべきだと思います。(小学校、教諭・助教諭)

● インフルエンザ等の出席停止の基準があるように、コロナウイルスに児童が感染した場合、家族が感染した場合など冷静に対応するための基

準を明確にすること。（小学校、教諭・助教諭）

- 何を残して何を行うのかについて、トップからの指示が必要。県教委や市教委が学校まかせにせず、削れるものは思いきって削る勇気が必要。未だに必要かわからない出張を入れる必要はないし、上ができるだけ削ることで、現場を助けてほしい。研究大会、教育研究会、教員の経過研修による出張などは本当にいらない。（小学校、教諭・助教諭）

- 全市的な対応の指針の在り方が明確であってほしい。（小学校、校長）

- 県内の市町教育委員会で臨時休業措置や期間、短縮授業の取り扱いについて、統一された方針がされていなかったように感じるし、実際の報道を見ても、そのようにとられた。教職員がそのような思いがあるのであれば、児童生徒、保護者、地域の方々は、さらに統一感のなさに納得できないのではないかと思う。今後も起こりうる、不測の事態への対応として、県、市町として課題の一つになると強く思っている。（小学校、教諭・助教諭）

- 市や県の方針がそれぞれで混乱した。きちんと何がよくて何がダメなのか、ルールを決めてほしい。（小学校、教諭・助教諭）

- 管理職から専門的立場として様々な場面で意見を求められ対応する事が多かった。そんな中、県からの指針や指導等、現場に届くまでが遅いと感じました。（小学校、養護教諭・養護助教諭）

- 緊急事態に際して、どのレベルの判断が適切なのか。例えば、修学旅行の実施の可否について、地教委レベルの判断か、校長判断で実施すべきか。（中学校、教諭・助教諭）

- 物理的に時間が足りない中で、カットできる内容が明示されなかったこと（小学校、教諭・助教諭）

- 2年生の担当なので、修学旅行や職場体験などの実施が難しく、苦慮しています。それらに限らず、多くの判断が現場に任されていて、現場は混乱しています。（中学校、教諭・助教諭）

- 学校現場での対応の実際についての指針が遅いために各学校で判断を迫られたり、具体性に欠けるところでの判断を迫られたりするのが大変でした。（小学校、教諭・助教諭）

- どのような体制をとればいいのか先行きが不透明であり、指示を待つ時間が長いこと。現場の環境はそれぞれであるが、コロナは一般的に言

う自然災害とは異なる。教育の機会均等性や学力保障のことを考えると自治体としての統一体制が必要ではないだろうか。（小学校、副校長・教頭）

● 行事の在り方など、一つ一つの細かな判断を、各学校で行うことが、大きな負担であった。もっと教育委員会が市内の共通事項として発信してくれれば、リーダーシップをとってくれれば、と、そこがもしかしたら一番のストレスであったかもしれない。（小学校、教諭・助教諭）

● 行事や学習予定を度々変更せざるを得ず、何度も計画を立て直すため、時間と労力のロスが大きい。通知や調査の量が大幅に増え、対応に追われている。（小学校、副校長・教頭）

● 見通しがつかない状況が続き、大変である。これからも継続すると思われる。優先すべき課題は何なのかを見極めた行政対応をお願いしたい。（中学校、校長）

● 対策を考えても、市教委からの指示や状況の変化によって、次々と変更しながら対応している。（中学校、副校長・教頭）

● 学校の対応が同じ市内でもそれぞれ違うのがよくないと思います。市内は統一すべきだと思います。（小学校、教諭・助教諭）

● 市で統一したものを提示して欲しい（小学校、養護教諭・養護助教諭）

● 修学旅行を行う際の明確な判断基準がほしい（小学校、校長）

● 現場任せの判断が多く、指示も遅かった。（小学校、教諭・助教諭）

● 現場が動きやすく、行事等を変更するのに、県や市の教育委員会がもっと早く対応をはっきり決めてほしい。現場任せすぎなところもあると感じ、対応が遅れることがある気がする。（小学校、教諭・助教諭）

● 市教委が、学校行事の延期・中止などの判断を統括決定せず、学校長判断に委ねているため、各学校が近隣校の動向をうかがい、中止・延期などの決定に時間がかかっている。そのため、教職員や保護者はどっちつかずの2段構えの事前準備をすることになり、2倍の労力がかかっている。他市は、市教委が責任を持って、いち早く市内すべての学校の修学旅行や宿泊体験学習などの対応の決定をし、教職員や保護者は安心して準備や対応を進められていると思う。見習って欲しい。（小学校、教諭・助教諭）

● 県市町の方針を速やかに提示してほしい。（小学校、校長）

● 行事の開催基準については、国、県、市、各学校の情報を収集しなが

ら決定する必要がある。大きな行事の開催中止や延期については、今後
も、ある程度の方向性を示していただきたい。（中学校、副校長・教頭）

- 学校行事の実施や、教育課程の進め方において、県での確かな基準を
決めてほしい。（小学校、教諭・助教諭）

- 教育行政の在り方について考える機会があった。市教委から下りてく
る指示が「指示」であったり、「各校に判断を任せる」と言いながら暗に
市内で統一を求めるものであったりと、責任の所在が不明瞭なものもあ
り納得できないものもあった。コロナへの対応はもちろん大事だが、子
どもたちの「今しかない」ものを深慮なく奪っていいものか、もう少し
考えてほしいと思うことが多々あった。（小学校、教諭・助教諭）

- 各学校行事の開催について、判断の基準が学校判断に任されているこ
と。（小学校、校長）

- コロナ対応について大まかなことは、示されるが、最終的には、各校
において様々な対応を迫られるので、悩ましいことが多い。（小学校、副校
長・教頭）

■6-3. 今後の学校教育の在り方

1 With コロナの学校教育の在り方の検討（オンライン活用含む）

- アフターコロナという捉えよりも、with コロナとして、コロナウイル
スと付き合っていきながら学校生活を送るという意識付けが必要なので
はないか。そのための具体的方策が打ち出されることをのぞんでいま
す。（小学校、教諭・助教諭）

- 今の職場では、オンライン授業に関して、消極的な意見が多い。今で
こそ、感染症の影響があまり出ておらず、必要性を感じていないのかも
しれないが、いずれ必ずやってくる大きな変化に対応できるか不安。「仕
事が増える」「全員が端末を持っていない」「全員が等しく学ぶことがで
きない」など、「これを機にやってみよう」とはならなかった。新型コロ
ナウイルスの流行によって、良くも悪くも「変わらない」「変わりたくな
い」学校教育現場の様相が呈されたように思えた。「授業時数確保」や
「学習内容の確実な定着」「そのための宿題はどうするか」のような、「今

をどうやり抜くか」ばかりだった。「With コロナ」の時代に向けて、今後の学校教育がどうあるべきか、そのような議論は全くなかった。(小学校、教諭・助教諭)

● まず、臨時休業をどのように判断するかということの基準をはっきりさせたい。そして、学びを止めないということに対して、どれくらいの覚悟と柔軟性を持つか、市教委、校長会ともに決断と具体的な行動が必要。(小学校、校長)

● ZOOM 等を使ったオンライン研修をとおして、出張せずともこういった研修のやり方で構わない、むしろ、その方がよいと感じることが多々あった。また、暑い中、体育館に集めて行っていた終業式や平和集会も、ZOOM を使うことで空調の効いた各教室で実施することができ、却ってその方がよいと感じた。コロナによって強制的にオンラインで行わざるを得なかった様々な取り組みをとおして、今後、学校教育の形が大きく変わると思った。(小学校、副校長・教頭)

● 学校は中・長期的な視点をもって対応し、柔軟且つ誠実な姿勢が必要と考えます。(中学校、副校長・教頭)

● 予測困難な時代の到来を肌で実感する状況ですが、子どもたちには、このような厳しい状況の中にあっても前向きに逞しく生きていくだけの力を身に付けさせることが教育の大きな使命だと考えます。これからも自己を磨き、真摯に校務に務めていきます。(小学校、副校長・教頭)

● 先日 ICT 環境調査を行ったが、子ども一人 1 台の PC 導入ができれば、すぐにでもオンライン授業に向けての準備ができると感じている (小学校、副校長・教頭)

● 新型コロナウイルスについての知見がかなり蓄積されたと思われるが、対応に関しては今だに従来どおり「ひたすら怖がっている」状況が続いている。20歳以下では死亡者は 0 人であり、重症者もほとんどいない中で、対応を変化させる時期にきているのではないか。自粛するだけでなく、適切な手立てをしながら正常化していくことを選択肢として考えたいし、これは学校教育に限った議論ではなく社会全体で考えなければいけないものと思う。そのためには、国民の意識の変化、合意形成がないとむずかしい。100パーセントの安全を求めることをあきらめることを国

民に広くアナウンスしていくことが不可欠であると思う。と、個人的には考えている。（小学校、校長）

- 子ども達のために、何をどのようにすべきか、真剣に考えていかなければと思っていますが、明確な考えはまだでていません。検討中です。（小学校、教諭・助教諭）

- いろいろな活動が制限させられ、子供たちへの影響が心配である。また、コロナへの対応策を検討するが、ベストが見つからずいつもベターな状態のように感じられる。今までと同じ学校の在り方がではない、新しい学校の在り方を全職員で検討しないといけないと感じることが多い。（小学校、教諭・助教諭）

- with コロナで感染症対策と学校教育の両立を図って行くしかない。（小学校、校長）

- 学校での新しい生活スタイルの確立（中学校、副校長・教頭）

- 第二波の対応（小学校、講師）

- 新しい生活様式の対応（中学校、教諭・助教諭）

- 早めの想定や臨機な対応が求められる。前例に捉われず、思い切って経営していくことで、ピンチをチャンスにしたい。（小学校、校長）

- コロナ禍でも、確実に、また安全に学べる学習環境の構築。（小学校、教諭・助教諭）

- 今後は通信教育が主になっていくのではないだろうか。（中学校、副校長・教頭）

- 人間〜人的支援、空間〜密にならない、時間〜ゆっくりと…が揃うと気持ちにも余裕が生まれると思います。今後、何がベストなのか正直分かりません。試行錯誤しながらよりベターな選択をしていかないといけないです。（小学校、教諭・助教諭）

- 炎天下での掃除時間も今の環境に合わない。時間割も見直すべき。昼休みに外遊びをする児童への配慮も必要ではないか。屋根のある場所、日陰が必要。現場での疑問を、より良い環境づくりにいかしていただけたら嬉しいです。（小学校、教諭・助教諭）

- 以前に戻ることはないので、これからの学校における「新しい生活様式」にどう対応していくかを検討しています。新たな視点で学校経営を

見つめなおし、必要なことを、今までのやり方では困難ではあるが、「できない」ではなく、どうしたら「できる」のかを考えでいきます。そのような具体的な取組について支援していただけると幸いです。（小学校、副校長・教頭）

- 　三密を守るために、本来育むべき、子供同士、子供と教師の心の繋がりが、希薄になっていることに、とても、不安を感じる。特に、小学校低学年は、スキンシップで愛情や友情を確かめあっているとつくづく感じた。それを補う方法を模索する日々である。（小学校、教諭・助教諭）
- 　新しい生活様式に慣れ、しばらくはコロナと共存していく心構えが必要。（小学校、教諭・助教諭）
- 　今は暑い時期なので熱中症のこともあり、マスクの付け外しも難しいです。これから先は、インフルエンザも流行すると思いますので、見分けも難しいと思われますことから心配はあります。（小学校、講師）
- 　これはある一面ですが、新しい生活様式に対応すること、対応できるように子どもたちを指導していくことが本当いいのか、時々考えることがあります。差別とか偏見に対しても現在問題になっていますが、差別や偏見と言っていいことと、新しい生活様式のいろいろな取り決めは、どこで線引きできるのか考えさせられます。（小学校、教諭・助教諭）
- 　オンライン授業は、各学校で取り組むよりも、自治体ごとに取りまとめて取り組んだほうが良い。教育委員会がリーダーシップを発揮し、教職員の負担軽減を図りながらも、子どもたちの学びを保障をする取組が求められていると思う。（中学校、教諭・助教諭）
- 　With コロナをいかに構築していくかが課題（小学校、校長）
- 　ネット環境が整っていない地域でのオンライン授業の可能性（小学校、教諭・助教諭）
- 　生徒たちと一緒に、コロナ禍と上手に付き合いながら、乗り越えなければと思います。（中学校、教諭・助教諭）

2　学校における感染拡大防止策の検討
- 　現状の感染防止の取組で生徒・教職員の命（健康）を守れるか、心配である。（中学校、校長）

- 国と県や市とのコロナウイルス感染防止の方針を統一してほしい。また、経済ではなく、子どもたちの安全を優先してほしい。(小学校、講師)
- 3密阻止のため、ペア学習やグループ学習などがやりにくくなり、学習指導要領が提唱している「主体的・対話的で深い学び」の実践がやりにくくなっている。マスク着用や3密を避けるなど感染拡大防止対策を施しているが、1つの教室の中に、誰か一人感染者がいれば、マスクをしていようがしていまいが、ペアやグループを避け、座席を個別にしようが、しまいが、いずれにせよ、感染すると思います。学校における感染拡大防止策の在り方を再検討していただきたく思います。(中学校、副校長・教頭)
- 児童、教職員のストレスの解消と、生き生きと生きることの両立(小学校、校長)
- コロナの流行が一段落した時、今後の学校教育に対し「コロナ対応策のままでいい」という考えと「従来のやり方に戻すのがいい」という考えに分かれ、学校現場が対応に苦慮したり、煩雑さが増すように思える(小学校、養護教諭・養護助教諭)
- インフルエンザとコロナの平行した混乱も心配される。(小学校、教諭・助教諭)
- 自校でいつ、濃厚接触者等がでるかわからず、その場合にクラスターを回避できるか不安。消毒液や体温計等の物品を十分に確保できるか不安(小学校、養護教諭・養護助教諭)
- 安全な教育環境づくり(小学校、養護教諭・養護助教諭)
- 学校現場においてコロナウイルス感染症対策に限界があること。(小学校、教諭・助教諭)

3 学校・教員の自律性の向上

- 一番の不安材料は見通しが持てないことである。これは子供にも教師にも言えることである。心的な不安が今後増すものと考える。ひいては、そのことで学級経営や子供の育ちに影響が出でくるものと考える。行政からの指示や指導を大切にしつつ、学校や自身が自律的であることが望まれる。そうした構えを物心両面で行っていきたい。(小学校、副校長・教頭)

- 校長の判断で、生徒や教員が感染した場合のみ臨時休業の措置を取っていく（中学校、副校長・教頭）
- もう一度県教育長のメッセージにある「コロナ禍でもできること」を模索していきたい。今こそ、教職員がクリエイティブになることが重要である。（小学校、校長）

4 自分で判断できる子どもの育成

- 今後は、学校（職場）での諸対策同様、家庭のメンバーにうつさない、家庭のメンバーからうつされない具体策ができる生徒を育てていく必要性を感じます。（中学校、副校長・教頭）
- 今後は子どもたち自身が、自分や周囲の健康を守る意識をもって常に行動できるよう、指導・支援が必要だと思う。（小学校、養護教諭・養護助教諭）

5 既存の業務の見直しや効率化

- 大規模学校では、感染防止対策が取りづらいことが多い、子供たちは密接、密集し、校内の消毒などとてもできる状態ではない。また、様々な行事を、工夫して行おうとしたり、授業確保のため、夏休みを短縮したりと、教員は普段以上に多忙になっていると感じる。このつけは、教員よりも、子供に大きく跳ね返って来るのではないかと感じている。一斉休校は、批判されることも多かったが、あのくらいの思い切りも必要なのかもしれないと感じる。今、コロナで省いたことで、困らなかったことは、これからもやらない、そのように、効率化や省力化のチャンスとしたい。（中学校、教諭・助教諭）
- 教員の仕事を増やすのであれば、必要性の低いものは減らしていってほしいと感じています。（小学校、教諭・助教諭）
- 職務内容の軽減と効率化、オンラインの活用と環境の整備（小学校、教諭・助教諭）
- 大規模校では３密は避けられない。学校行事も縮小され、様々な場面で制限がかり、不利益を感じる。校区の見直しが急務。実習やグループでの対話的な学習について従来の方法を変えなければならない。これを機にコロナ禍における授業改善、指導力向上を目指し、コロナによる教

育活動の制限や削減で得られた資産や成果を終息後の「働き方改革」に生かす。(中学校、主幹教諭・指導教諭)

- 通知表の所見を減らすなど簡略化すべき。(小学校、教諭・助教諭)
- この機は「できなくて困ること」があるのと同様に、現場において「やらなくてもできる」部分を確認することができる。もちろん質を維持・向上させることが大前提ではあるが、校務や行事等の整理ができる機会となっている部分もある。(小学校、副校長・教頭)
- コロナで、多くの会議が、紙面伝達で済まされた。また、諸行事も、縮小して無事に終える事ができた。形を変えて行っても何とかなるものだなと思った。これを機会に、変える事ができるものは、思いきって変えて、時代に合った働き方改革を推進していくべきだと強く思っている。(小学校、教諭・助教諭)
- コロナ禍で、予定していた学校行事やPTA行事などが変更を余儀なくされ、対応に苦慮した。ただ、これを機に内容を精選することにつながった面はある。今後の学校教育については、現状を把握しながら生徒のために一番良い方法を選択しながら進めていく必要があると感じる。(中学校、副校長・教頭)

6 既存の教育活動の精選・弾力化の検討

- これを機に、行事縮小、参加者選別が進み、なかなか進まなかった行事精選がしやすくなった (中学校、教諭・助教諭)
- 部活動の大会の精選と夏季の大会中止 (中学校、主幹教諭・指導教諭)
- 行事の精選 (小学校、教諭・助教諭)
- 行事削減 (小学校、教諭・助教諭)
- コロナウイルス感染防止のために、卒業式、入学式などが短縮となったが、特に問題がなく、子供たちにとっても長時間座る必要がなく、よかったように思うので、行事の在り方等検討、変更する良い機会になっていると思う。(小学校、教諭・助教諭)
- 今回を機会に学校行事の精選を更に進めたい。(小学校、副校長・教頭)
- 学校行事の精選が急務であること (小学校、教諭・助教諭)
- 小体会など、行事の精選を図るべき (小学校、教諭・助教諭)

- コロナでの休校や行事の中止、縮小で、今まで学校が、教員が、やりすぎていたもの（行事、部活）が多かったと改めて気づいた。皮肉なことにステイホームで、趣味の時間や家族との時間を持てた教員も少なからずいると思う。私もその一人だ。これを良い機会に、学校行事や部活の見直し（精選）を進められたらいいと思います。（中学校、教諭・助教諭）

- 行事の精選と内容の変更（小学校、教諭・助教諭）

- 今年度は半日開催とはいえ、現場では、練習においては例年通りすることが求められる。運動会の９月実施は厳しいのではないか。倒れる児童を出してでも、なぜ９月実施なのか？学習に集中するために早めの実施、学習発表会を実施するための早めの実施という理由のようだが、学校行事の見直しをしてほしい。新時代に応じた学校の在り方を見つけていくべきだ。（小学校、教諭・助教諭）

- 今年度行事のあり方などを見直す良い機会になった。次年度以降旧来の行事形式に戻ってしまうと、今年度の検討事項の意味がないと考える。（小学校、教諭・助教諭）

- 今回を良い機会ととらえ、感染が収まっても元に戻すのではなく、学校行事を削除、短縮していけば良い。余計な取り組み（PTA 学級レクリエーション等）もしなくて良い。会議も無駄が多く、削減して良い。音楽、図工、体育等の技能教科は、○○活動にするなど、学習内容も見直してほしい。本当に子どもが生きるために、必要な内容だけに、精査する機会となってほしい。（小学校、教諭・助教諭）

- コロナウイルス対応も含めて、この機会に行事の精選を進めてほしいと思っています（小学校、教諭・助教諭）

- 学習指導要領の見直し。学力調査の中止。人的配置で、多忙化軽減。（小学校、副校長・教頭）

- 様々な学校行事が中止になったり、簡素化したりしている。それによって教員の仕事として労力が減った部分が多くある。この機会にこれまでの行事や活動の必要性やあり方を見直し、働き方改革に努めることも大切だと思う。（小学校、教諭・助教諭）

- 例年通りにはいかない、より創造的な仕事、新しい取り組みが必要になるならば、今までの取り組みを削る方向のことも考えていかなければ、

また、輪をかけて多忙な毎日になると予想できます。ただ、そのような事を話す時間が先生方との間に設けることができないくらい、忙しい毎日です。（中学校、教諭・助教諭）

7 既存の教育活動の意義の再確認

- コロナの影響にかこつけて、学校行事等安易に中止しようとする風潮がある。（小学校、校長）

- コロナ禍という点で①オンライン授業が取りざたされているが、これはあくまでも暫定的なことであって、今後のスタンダードとならないように願っている。義務教育は対面で行うことが大切ではないだろうか。②三密という言葉が言われるが、学校現場は対応できていない。看過されているような気もする。「大丈夫だろう」で進められていないか。対策・支援をいただくというとこの点か。（小学校、教諭・助教諭）

- 今年度入学した子どもたちは、集会、行事なしの生活が当たり前と思わないか心配です。（小学校、教諭・助教諭）

- 学校行事や部活動の大会がなくなっていく。（中学校、教諭・助教諭）

- 感染を恐れて安易に中止を求める声がある。リスクは下がるが、子供たちの活躍の機会も減っている。（小学校、校長）

- 感染対策のために行う多くのことが、子どもたちの楽しさや自由さを制限しているように感じてしまいます。ただ命を守ることは生きる上で1番だとも思います。葛藤はありますが、与えられた環境でできることを続けていきたいと思いました。（小学校、教諭・助教諭）

- コロナに対して過敏になりすぎ、他人への差別・偏見につながらないか。リスクを負ってでもさせたいことと、そうでないものの判別は、いろいろな考え方の先生方、保護者もいるのでより安全な方、何もしない、自粛にばかり流れてしまうこと。（中学校、教諭・助教諭）

■6-4. その他

1 学校の存在意義の再確認

- 学校が社会システムに貢献していることを改めて認識した。学級の人数を減らす必要性を痛感した。子供も保護者も突然のことへの対応力が低下しているので学校も変わる必要がある。(小学校、副校長・教頭)

- 中学生は、家庭だけでは、精神的に安定しない様子が感じられ、学校で友人と過ごす大切さを強く感じた休業期間でした。(中学校、教諭・助教諭)

- アフターコロナは、オンライン授業が本格化する可能性もあるが、教室で集団生活をする中で、社会性やコミュニケーション能力は培われるものである。そのことが、今後どのように議論され、進行していくのかを危惧している。(中学校、副校長・教頭)

2 教員免許状更新講習への対応

- 教員免許状更新が、web になったものが多いが、pc が古く、マイク、カメラもついていないので、zoom が不可能な状態。そのような人は、別の講習と言われても、普段の業務の合間に、講習の状況を確認して、さらに別の講習へ振り替えろというのは、不親切だと感じる。もっと現場に寄り添って、講習のことを考えていただきたい。(小学校、教諭・助教諭)

3 文部科学省による通知内容・コロナ対応への不満

- 市町単位での画一的な臨時休業は不要だと感じた。(小学校、教諭・助教諭)
- 臨時休業措置の緩和 (小学校、校長)
- 国や文部科学省は、「今年度履修できなかった内容は次年度以降に履修できる」という旨の通達を出した。しかし、それは次年度以降の学習内容が増えるということであり、子ども達の負担が増えるだけである。結果的に今年度中に時間を確保して履修できるようにしてあげないといけない。そのため夏休みの削減が全国的に行われている。それよりも、「教科・内容を絞り、これだけは確実に履修させる。その他は可能な範囲でよい」という形で、負担を減らしてあげる方がいいと考える。(小学校、教諭・助教諭)
- 緊急事態にも関わらず、通常時と変わらない教育課程の履修や提出文

書の提出を求める文科省や県教委・市教委の対応に疑問を感じる。同様のことは、これまでも様々なところ（新聞、ネット）から聞こえるが、何も変わらない。(小学校、教諭・助教諭)

● 文科省は、授業時数の確保にこだわるのではなく、内容の精選をしてほしい。(小学校、教諭・助教諭)

● 教育は子ども自身の未来のために必要なものであるとともに、大袈裟に言えば、国の将来に関わる大切なことだと思います。しかし、行政は経済のことなどに目が向いていて、教育は軽く見られている気がします。大臣がおっしゃっていた民度は、ブラック企業と言われる教育界において奮闘されてきた先輩方の成果だと思います。教員の質を上げるや、人的、物的支援など真剣に考えて取り組んでもらいたいと思います。(小学校、教諭・助教諭)

● 文科省からの通達はほぼ学校任せ過ぎる。(小学校、主幹教諭・指導教諭)

● 市町単位での画一的な臨時休業は不要だと感じた。(小学校、教諭・助教諭)

4 教育実習の受け入れ

● 教育実習にしても何にしても、受け入れるしかない学校や教員は、立場が弱いと感じます。自分が感染の危険に晒されても、防ぎようがありません。また、行事が中止、縮小されることについては、知恵を出し合って乗り切るしかないと思います。(中学校、教諭・助教諭)

● 県外への訪問（出張や修学旅行等）や県外者の受け入れ（教育実習等）などで、感染拡大地域（郡市）ではなく県境で線引きされる根拠が不明瞭で、状況も短期で変わるため、教育課程等を計画的に組むことが困難(小学校、校長)

【執筆者一覧】

石川　衣紀
（いしかわ・いずみ）

長崎大学教育学部 准教授
専門は特別支援教育、特別ニーズ教育

榎　景子
（えのき・けいこ）

長崎大学教育学部 准教授
専門は教育制度論、教育行政学

小西　祐馬
（こにし・ゆうま）

長崎大学教育学部 准教授
専門は児童福祉、貧困研究

中村　典生
（なかむら・のりお）

長崎大学大学院教育学研究科 教授
専門は英語教育学、離島・へき地教育

長谷川　哲朗
（はせがわ・てつろう）

長崎大学大学院教育学研究科 教授
専門は学校経営論

畑中　大路
（はたなか・たいじ）

長崎大学大学院教育学研究科 准教授
専門は教育経営学

＊本書の分析・執筆は全員で行った。

新型コロナウイルスに直面した長崎の学校
── 教職員への緊急アンケート調査報告書 ──

2021年 3 月31日　初版発行

....

- ●編　著　石川衣紀・榎景子・小西祐馬・
　　　　　中村典生・長谷川哲朗・畑中大路
- ●発　行　国立大学法人　長崎大学
- ●発行者　仲西佳文
- ●発行所　有限会社 花 書 院
　　　　　〒810-0012 福岡市中央区白金2-9-2
　　　　　電話（092）526-0287　FAX（092）524-4411
　　　　　ISBN 978-4-86561-224-0 C3037
- ●振　替　01750－6－35885
- ●印刷・製本　城島印刷株式会社